Super reisen!

USA Ostküste

Von Jörg von Uthmann

MERIAN

Unsere Qualitätszeichen sind

für besonders hervorzuhebende Objekte

für Plätze, wo sich vor allem junge Leute aufhalten
oder die man ihnen empfehlen kann

Als Ergänzung zu diesem Buch empfehlen wir unseren
Reiseführer **New York.**

Abkürzungen

Aug.	August	N. J.	New Jersey
Conn.	Connecticut	Nov.	November
Di	Dienstag	N. Y.	New York
Do	Donnerstag	Okt.	Oktober
DZ	Doppelzimmer	$	Dollar
Feb.	Februar	R. I.	Rhode Island
Fr	Freitag	Sa	Samstag
Jan.	Januar	So	Sonntag
Mass.	Massachusetts	Tel.	Telefon
Mi	Mittwoch	tgl.	Täglich
Mo	Montag	Zi.	Zimmer

Preiskategorien

Restaurants
Die Preise gelten für ein Menü ohne Getränk.
Luxuskategorie: um $50
1. Kategorie: um $35
2. Kategorie: um $20
3. Kategorie: um $10

Hotels
Die Preise beziehen sich auf ein Zimmer für zwei Personen ohne Frühstück.
Luxuskategorie: $200–250
1. Kategorie: $150–200
2. Kategorie: $100–150
3. Kategorie: $75–120

Inhalt

Zu Gast an der amerikanischen Ostküste ... 5

Top Ten von Merian ... 7
1. Barnes Foundation   2. The Breakers   3. Cape May
4. Freedom Trail   5. Die »Hamptons«   6. Independence
Hall   7. Kapitol   8. Provincetown   9. Tanglewood
10. Winterthur Museum

Magazin 9 · **Essen und Trinken** 13 · **Hotels und andere Unterkünfte** 19 · **Einkaufen** 20 · **Sport und Strände** 20 · **Feste und Festivals** 21 · **Natur und Umwelt** 23

Routen und Touren ... 24

Orte und Ziele in der Umgebung ... 25

Atlantic City 25: Cape May

Boston 29: Lexington · Salem

Long Island 43: Cold Spring Habor · East Hampkton und Southamton · Old Bethpage Village · Old Westbury Gardens · Oyster Bay · Sag Harbor · Sands Point · Stony Brook · Vanderbilt Museum

Neuengland:
Berkshires 51: Hancock Shaker Village · Stockbridge · Sturbridge · Williamstown
Cape Cod 53: Martha's Vineyard · Nantucket · Plymouth · Provincetown · Sandwich
Connecticut 57: Hartford und Mystic · New Haven
Rhode Island 60: Newport · Providence

Philadelphia 63: Brandywine Valley · Hagley Museum · Longwood Gardens · Nemours · Winterthur Museum and Gardens · Pennsylvania Dutch Country · Princeton

Washington 73: Annapolis · Mount Vernon

Geschichte auf einen Blick ... 86

Info ... 88

Register ... 92

Zu Gast an der amerikanischen Ostküste

Die traditionelle Amerika-Reise beginnt in New York – aus gutem Grund: Unter den Städten dieser Welt gibt es schwerlich eine aufregendere. Wer allerdings glaubt, danach über ganz Amerika mitreden zu können, täuscht sich. Amerika ist anders. Die Amerikaner selbst empfinden New York als einen Fremdkörper. Es ist kein Zufall, daß sie nicht die größte Stadt, sondern das vergleichsweise provinzielle Washington zur Hauptstadt erkoren.

Wer die Vereinigten Staaten kennenlernen will, tut gut daran, nicht gleich zum Grand Canyon oder nach Disneyland weiterzureisen, sondern bei der Ostküste anzufangen. Er folgt damit nicht nur der historischen Entwicklung des Landes, sondern trifft außerdem ein Gebiet an, das – gemessen an den amerikanischen Größenverhältnissen – überschaubar und touristisch gut erschlossen ist. Unter »Ostküste« verstehen wir hier aber nicht die gesamte Küstenlinie von der kanadischen Grenze bis nach Miami, sondern die Region zwischen Boston und Washington: Selbst diese beiden Punkte sind noch 660 Kilometer voneinander entfernt, also fast so weit wie Hamburg von Stuttgart.

Zu Ihrer leichteren Orientierung haben wir das Reisegebiet in sechs Bezirke eingeteilt. (New York und das Hudson-Tal erscheinen hier nur am Rande: Sie werden in dem Band »New York« dieser Reihe ausführlich vorgestellt.) Wir beginnen mit A wie Atlantic City, der neben Las Vegas größten Spielhölle der Welt. Die Stadt an der Küste von New Jersey ist zwar nicht unbedingt schön, aber das Gewimmel der Fans des einarmigen Banditen von überall her ist eine Facette des Landes, die man gesehen haben muß. Erholen kann man sich dann immer noch an den Stränden von Cape May und Umgebung weiter südlich.

Der zweite – nördlichste – Bezirk umfaßt die Stadt Boston mit Vororten. Die *Boston Tea Party* am 16. Dezember 1773 war das entscheidende Vorspiel zum Bruch mit England und zum Krieg, in dem die dreizehn Kolonien ihre Unabhängigkeit erkämpften. Die architektonischen Zeugnisse dieser heroischen Zeit werden liebevoll gepflegt. Ebenso sehenswert ist das vornehme Wohnviertel Beacon Hill oder, auf der anderen Seite des Charles River gelegen, Cambridge mit der Harvard University, der ältesten amerikanischen Hochschule. Ausflüge führen Sie zu den Schlachtfeldern von Concord und Lexington und nach Salem, wo 1692/93 die berüchtigten Hexenprozesse stattfanden.

Boston, die Wiege der amerikanischen Unabhängigkeit

Long Island, der dritte Bezirk, ist Teil des Staates New York. Die schönen Strände und Städtchen der langgestreckten Insel sind das Wochenendziel der streßgeplagten New Yorker, die dort Ruhe und Entspannung suchen.

Bademöglichkeiten im Überfluß bietet auch Neuengland, unser vierter Bezirk, aber hier gibt es noch viel mehr! Wir haben die Region aufgeteilt in

- die Berkshires, die reizvolle Hügellandschaft im Westen von Massachusetts;
- Cape Cod, die weit ins Meer sich krümmende Halbinsel im Osten des Staates, dazu die der Küste vorgelagerten Inseln Martha's Vineyard und Nantucket;
- die Staaten Connecticut und Rhode Island.

Wir führen Sie hier nach Plymouth, dem malerischen Ort an der äußersten Spitze von Cape Cod, wo Weihnachten 1620 die »Pilgerväter« an Land gingen, nach Hancock Shaker Village und Old Sturbridge, zwei Museumsdörfer, die die Frühzeit der Vereinigten Staaten anschaulich machen, aber auch zu den luxuriösen Millionärspalästen in Newport auf Rhode Island und nach Providence, wo die altehrwürdige Brown University residiert.

Nicht minder ehrwürdig ist der historische Stadtkern von Philadelphia – unser fünfter Bezirk. In der Independence Hall erklärten die dreizehn Kolonien am 4. Juli 1776 ihre Unabhängigkeit von der britischen Krone. Elf Jahre später wurde hier die Verfassung der USA ausgearbeitet. Philadelphia ist auch der Ausgangspunkt lohnender Ausflüge zu den Dörfern der Amische, ins Brandywine Valley oder nach Princeton: Unter den acht Hochschulen der *Ivy League* ist es diejenige, bei der Albert Einstein nach seinem Hinauswurf aus Deutschland Unterschlupf fand.

Der letzte Abschnitt der Reise führt Sie schließlich nach Washington, wo nicht nur das Weiße Haus und das Kapitol zu den touristischen *musts* gehören, sondern auch die National Gallery – eines der großen Museen der Welt. Von hier bringt uns ein Abstecher zum Landsitz George Washingtons.

Boston und Washington sind von New York aus mit dem halbstündlich fliegenden *Shuttle* in einer Stunde zu erreichen. Man kann auch die Eisenbahn benutzen (Näheres siehe im Kapitel »Info«). Reizvoller ist es jedoch, die Ostküste im Auto zu erkunden; die meisten der kleineren Orte sind ohnehin nicht anders zugänglich. Bestellen Sie Ihren Mietwagen am besten schon in Deutschland bei einer der internationalen Gesellschaften (Avis, Hertz, Budget usw.). Im allgemeinen kostet die Wagenmiete weniger als bei uns. Ist New York die erste Station Ihrer Reise, brauchen Sie das Auto erst, wenn sie Manhattan verlassen: In der Stadt selbst ist es eher eine Plage als eine Erleichterung.

Top Ten von Merian

Zehn Höhepunkte der Ostküste der U.S.A., die sich kein Besucher entgehen lassen sollte.

1. Barnes Foundation
Eines der ungewöhnlichsten Museen der Welt finden Sie am Stadtrand von Philadelphia: Wer die 150 Renoirs und je 60 Bilder von Cézanne und Matisse besichtigen will, muß sich vorher anmelden (S. 67).

2. The Breakers
Unter den Millionärspalästen in Newport (Rhode Island) ist dies der pompöseste (S. 60).

3. Cape May
Amerikas ältestes Seebad steht heute unter Denkmalschutz. Das viktorianische Zeitalter ist hier – jedenfalls, was die Architektur betrifft – unverändert stehengeblieben (S. 28).

4. Freedom Trail
Ein knapp dreistündiger Spaziergang durch Boston führt Sie zu den wichtigsten Stätten aus der heroischen Epoche, die dem Unabhängigkeitskrieg voranging (S. 30).

5. Die »Hamptons«
In den Badeorten zwischen Westhampton und East Hampton stehen die Chancen gut, einem bekannten Schriftsteller, Schauspieler oder auch nur einem gewöhnlichen Millionär in die Arme zu laufen (S. 48).

6. Independence Hall
Für die Amerikaner ist der ehemalige Sitz des Gouverneurs in Philadelphia, wo am 4. Juli 1776 die Verfassung unterzeichnet wurde, ein nationaler Schrein (S. 65).

7. Kapitol
Jeder hat schon einmal ein Foto vom Sitz des Kongresses gesehen. Man kann den Kuppelbau auch besichtigen – eine Möglichkeit, von der jedes Jahr Hunderttausende Gebrauch machen (S. 76).

8. Provincetown
Unter den Seebädern auf Cape Cod ist »P-town« das bei weitem populärste – nicht nur bei den Freunden von Sand und Meer,

Im Kapitol von Washington tagte der Kongreß erstmals im Jahr 1800

sondern auch bei ergötzlichen und bizarren Gestalten aller Art (S. 57).

9. Tanglewood
Amerikas bekanntestes Festival zieht jedes Jahr im Sommer viele Freunde klassischer Musik in das liebliche Mittelgebirge der Berkshires (S. 52).

10. Winterthur Museum
Eine der bedeutendsten Möbelsammlungen der Welt, die Perle des mit Museen reich ausgestatteten Brandywine Valley: stolze 90 000 Stücke (S. 72).

Magazin

Informationen zu Lebensart und Landeskunde, Architektur, Kunst und Politik.

Amische nennt sich eine Gruppe von Mennoniten, die Deutschland Ende des 17. Jahrhunderts verließ und sich in Pennsylvania ansiedelte. In Sprache und Gebräuchen sind sie ihrer Herkunft treu geblieben: Im »Pennsylvania Dutch Country« geht es heute noch zu wie vor 300 Jahren.

Big Stick ist die Kurzformel für das Motto: »Sprich leise, aber nimm einen dicken Stock mit!« Danach verfuhr Präsident »Teddy« Roosevelt, der die Monroe-Doktrin um das sogenannte »Roosevelt Corollary« (1904) ergänzte, worin er den Vereinigten Staaten von Amerika die Strafgewalt über Lateinamerika zusprach. Zwar hat Washington dieser ruppigen Politik offiziell abgeschworen, doch kommt es immer wieder zu Rückfällen.

Checks and Balances steht für den Machtausgleich im Regierungssystem der USA. Um einen Rückfall in monarchische Zustände zu verhindern, statteten die Väter der amerikanischen Verfassung sowohl den Präsidenten wie auch den Kongreß mit viel Macht aus. Das Tauziehen zwischen beiden legt oft genug den ganzen Staatsapparat lahm, besonders wenn auf dem Kapitol und im Weißen Haus verschiedene Parteien am Ruder sind. George Bernard Shaw nannte das ehrwürdige Dokument von 1787 daher »eine Verfassung für Anarchisten«.

Department Stores sind eine amerikanische Erfindung. Das älteste Kaufhaus, das seine Waren noch in der ursprünglichen Behausung anbietet, ist Wanamaker's in Philadelphia.

Efeuliga (Ivy League) heißt der feine Verein, in dem sich einst die acht angesehensten Hochschulen der Ostküste zu sportlichem Wettkampf trafen. Mit dem Sport ist es nicht mehr weit her, aber das akademische Ansehen steht so hoch wie eh und je. Harvard und Princeton können es sich leisten, nur 17 Prozent der Bewerber aufzunehmen. Auch die übrigen – Yale, Brown, Columbia, Cornell, Dartmouth und die University of Pennsylvania – treffen eine strenge Auswahl.

Federal Style nennt man die amerikanische Weiterentwicklung des englischen Kolonialstils (Georgian Style). Typisch sind die Ziegelbauten mit weißen Tür- und Fensterrahmen und fächerförmigen

Oberlichtern. Die bekanntesten Architekten waren Charles Bulfinch und Samuel McIntire.

Greek Revival ist das Schlagwort für die Wiederentdeckung der griechischen Architektur im ausgehenden 18. Jahrhundert. Vor allem Benjamin Latrobe und William Strickland bauten die Kirchen, Banken und Amtsgebäude nach dem Muster dorischer Tempel.

Hexen wurden auch in der Neuen Welt verfolgt. Noch Ende des 17. Jahrhunderts, von 1692 bis 1693, wurden in Salem (Massachusetts) achtzehn Menschen unter der Anklage der Hexerei hingerichtet. Heute sind die Stätten des schauerlichen Aberglaubens eine vielbesuchte Touristenattraktion.

Indianer gibt es auch noch an der Ostküste. Sie leben etwa zur Hälfte in Reservaten, meist in ärmlichen Verhältnissen, zum Beispiel in Mashpee auf Cape Cod oder westlich von Southampton auf Long Island. Wenn Sie zur rechten Zeit kommen -- nach Mashpee Anfang Juli, nach Southampton um Labor Day –, können Sie eines der traditionellen Tanzfeste (»Pow-Wow«) miterleben.

Kennedys – der Name steht für gediegenen Ostküsten-Adel. Als J. F. K. im Weißen Haus residierte, waren sie für die Amerikaner so etwas wie die Windsors im Buckingham Palace. Nur in Boston hatte man nicht vergessen, daß der Herr Papa seine Millionen während der Prohibitionszeit gemacht hatte. Mit dem Autounfall auf Chappaquiddick, einer Nachbarinsel von Martha's Vineyard, bei dem Edward Kennedys Begleiterin unter mysteriösen Umständen ertrank, war die Dynastie wieder entthront.

Lincoln ist immer noch der populärste amerikanische Präsident. Nach einer alten Verlegerweisheit sind drei Arten von Büchern ein todsicheres Geschäft: Bücher über Okkultismus, Romane, in denen die Heldin vergewaltigt wird, und Lincoln-Biographien. In Washington können Sie – außer dem Lincoln Memorial – auch das Theater besichtigen, in dem er ermordet wurde.

Minutemen, die amerikanische Bauernmiliz, lieferte der britischen Kolonialarmee bei Lexington und Concord die ersten Gefechte.

New Deal war die Bezeichnung der Sozialpolitik, mit der Präsident Franklin D. Roosevelt sein Land aus der Depression zu führen suchte. Sie brachte den Amerikanern unter anderem eine Alters- und Arbeitslosenversicherung. Der erhoffte Wirtschaftsaufschwung kam allerdings erst mit dem Krieg.

Oval Room heißt das ovale Amtszimmer des amerikanischen Präsidenten im Weißen Haus. Wer es besichtigen möchte, hat zwei Möglichkeiten: Entweder man läßt sich in den Bundestag wählen. Oder man begnügt sich mit einem Besuch der Kennedy Library in Boston, die eine Kopie des Oval Room enthält.

Puritanisch waren sie, die »Pilgerväter«, die sich 1620 in Massachusetts niederließen, hart und unduldsam. Aber seit Max Weber hat es sich herumgesprochen, daß ihre »innerweltliche Askese« zum wichtigsten Motor des amerikanischen Kapitalismus wurde. Leider hat sich auch ihre weniger angenehme Eigenschaft – das Muckertum – vererbt.

Quilts sind längst ein beliebtes Sammelobjekt geworden. Für alte Stücke der farbenprächtigen, vielfach aus Stoffresten zusammengenähten Steppdecken werden leicht vier- bis fünfstellige Summen gezahlt. Aber mit etwas Glück finden Sie gewiß ein preiswertes Exemplar.

Rockwell steht als Signum auf den Bildern des vermutlich populärsten aller amerikanischen Künstler. Von den Kunsthistorikern wird Norman Rockwell (1894–1978), jahrzehntelang Illustrator der »Saturday Evening Post«, dagegen nicht ernst genommen. Wer sich ein eigenes Urteil bilden will, sollte das Rockwell-Museum in Stockbridge besuchen. Ein zweites Museum ist in Philadelphia zu finden.

Spoils System, das unter Präsident Jackson (1829–36) eingeführte »Beutesystem«, erhob die Vetternwirtschaft zum politischen Prinzip. Mit einem Wechsel im Weißen Haus wechselte auch der gesamte administrative Unterbau. Zwar wurde die extreme Form der Selbstbedienung durch den Civil Service Act (1883) und andere Gesetze eingeschränkt, doch hat sich die Ämterpatronage auf einigen Gebieten bis heute gehalten: Etwa die Hälfte der amerikanischen Botschafter sind »Seiteneinsteiger«.

Tattoo heißt das amerikanische Gegenstück zu unserem Großen Zapfenstreich. Sehr beliebt sind die Tatoos der U. S. Army Band und der Old Guard, die an Sommerabenden in Washington stattfinden.

Uncle Sam, die Symbolfigur des US-Amerikaners schlechthin, geht auf den zweiten Krieg gegen England (1812–14) zurück. Die Abkürzung »U. S.« auf Uniformen und Munitionskisten wurde scherzhaft als »Uncle Sam« personifiziert. Die bekannte Karikatur mit dem Sternenbanner auf dem Zylinder stellt den Major Jack Downing dar, eine erfundene Figur des Zeichners Seba Smith (1792–1868).

Vichyssoise ist trotz des französischen Namens eine amerikanische Spezialität: eine legierte kalte Kartoffelsuppe mit Schnittlauch. Einfach köstlich!

WASP ist die Abkürzung für »White Anglo-Saxon Protestant«, den Inbegriff der amerikanischen Herrenkaste. Allerdings hat er sein früheres Monopol verloren – wie der Katholik John F. Kennedy und der schwarze Oberbefehlshaber Colin Powell beweisen.

Xanadu nannte Orson Welles das Schloß seines »Citizen Kane«, einer kaum verhüllten Kopie des Zeitungszaren Randolph Hearst. Gedreht wurde der Film natürlich nicht im Hearst Castle in Kalifornien, sondern auf dem Landsitz des deutschen Bankiers Otto Kahn in Huntington, Long Island. 1989 ging das Schloß in japanischen Privatbesitz über.

Yankee – »Kleiner Jan« – nannte man schon im 17. Jahrhundert den hochgeschossenen, zähen, praktisch denkenden Neuengländer, wie ihn etwa George Bush verkörpert und wie er sich im Volkslied »Yankee Doodle« selbst besingt.

Zeit spielt eine wichtige Rolle im Verkehr mit den USA. Alle Orte unseres Reisegebietes gehören derselben Zeitzone an: Wenn es in Hamburg 12 Uhr Mittag schlägt, ist es in Boston und Washington 6 Uhr früh. Da sich die Sommerzeiten nicht völlig decken, entstehen im Frühjahr und Herbst vorübergehend Zeitdifferenzen von 5 beziehungsweise 7 Stunden.

Frühlingsspaziergang am Tidal Basin beim Jefferson Memorial in Washington

Essen und Trinken

In Europa gelten die Amerikaner nicht gerade als Gourmets. Ihre Fast-Food-Ketten, mit denen sie mittlerweile auch den alten Kontinent überschwemmen, sind in der Tat alles andere als Tempel verfeinerter Lebensart. Auch der amerikanische Kaffee und das dünne Bier sind kaum geeignet, den gastronomischen Ruf des Landes zu fördern. Dennoch kann, wer sich mit der einschlägigen Literatur vertraut macht, in Amerika vorzüglich essen. Im Kapitel »Reiseziele« finden Sie eine Auswahl guter Restaurants. Wie nicht anders zu erwarten, zeichnet sich das Gebiet, von dem hier die Rede ist, vor allem durch seine Schalentier- und Fischgerichte aus. In Boston und Neuengland sollten Sie *lobster* (Hummer) und *clam chowder* (Muschelsuppe) probieren, weiter südlich *crab cake* (Buletten aus Krebsfleisch). Wunderbar dazu passen die kalifornischen Weißweine, die auch den französischen und italienischen nicht nachstehen, allerdings auch genauso teuer sind. (Erstklassige deutsche Weine sind in Amerika kaum zu finden.)

Entgegen einem verbreiteten Vorurteil sind die Amerikaner in Kleidungsfragen konservativer als wir. Gute Restaurants legen Wert darauf, daß ihre Gäste mit Jacke und Schlips erscheinen. Viele unterhalten an der Garderobe eine ganze Jacken-Kollektion, die dazu bestimmt ist, unzureichend Bekleidete dem Stil des Hauses anzupassen. Wer sich diese Verlegenheit ersparen will und lieber in seinen eigenen Textilien speist, sollte sich bei der Tischreservierung – die bei besseren Restaurants ohnehin stets zu empfehlen ist – nach dem *dress code* erkundigen. Ist die Antwort »casual«, können Sie Ihre Jacke im Hotel lassen.

Anders als in Deutschland stürzt sich der Gast nicht einfach auf einen freien Tisch, sondern wartet, bis ihm der Empfangschef einen Platz zuweist. Als barbarisch gilt auch, sich nach deutscher Sitte zu Unbekannten an den Tisch zu setzen; dies ist allenfalls in Kantinen und Universitätsmensen gestattet. In den letzten Jahren sind viele Restaurants dazu übergegangen, einen Teil des Hauses für Nichtraucher zu reservieren. Wundern Sie sich also nicht, wenn Sie mit der Frage begrüßt werden: »Smoking or non-smoking?«

Ein weiterer wichtiger Unterschied zu deutschen Gepflogenheiten liegt darin, daß der Rechnungsbetrag in aller Regel das *Trinkgeld* nicht einschließt. Der Kellner – dessen Haupteinkünfte die von ihm kassierten Trinkgelder sind – kann einen Aufschlag von 15 Prozent erwarten, den Sie bei Barzahlung auf dem Teller zurücklassen oder, wenn Sie mit Kreditkarte zahlen, in die dafür vorgesehene Spalte (»tips-waiter«) eintragen. (Die auf manchen Formularen zu findende Spalte »tips-captain« können Sie ignorieren.) Wie die meisten Re-

Essen und Trinken

geln hat auch diese ihre Ausnahme: Wenn er Sie bei Tisch deutsch reden hört, ergreift der um sein Trinkgeld besorgte Kellner gelegentlich die Initiative und schlägt es selbst auf. Also jedesmal die Rechnung prüfen.

Getränke- und Speisenlexikon

Getränke

alcoholic beverages: alkoholische Getränke
apple juice: Apfelsaft

beer: Bier
beer on tap: Bier vom Faß
brandy: Weinbrand

camomile tea: Kamillentee
champagne: Sekt
chocolate: Kakao
cider: Apfelwein
coffee: Kaffee
coffee with cream: Kaffee mit Sahne
coffee with ice-cream: Eiskaffee
coffee with milk: Kaffee mit Milch
cordial: Likör, auch: Fruchtsaftkonzentrat
cranberry juice: Preiselbeersaft
cup: Tasse

dark beer: dunkles Bier
decaffeinated coffee: koffeinfreier Kaffee
drinking water: Trinkwasser
dry wine: trockener Wein

eggnog: (ähnlich wie) Eierlikör

fruit juice: Fruchtsaft

ginger ale: Ingwerbier
grape juice: Traubensaft

herbal tea: Kräutertee
hot chocolate: heiße Schokolade

imported beer: importiertes Bier
Irish coffee: Whiskey mit heißem Kaffee, Zucker und Sahne
lemonade: Zitronenlimonade
lemon squash: ausgepreßter Zitronensaft
light beer: leichtes, helles Bier
light wine: leichter Wein

malt-beer: Malzbier
Manhattan: Bourbon Whiskey und Wermut
Martini: Gin und Wermut
may wine: junger Wein
mead: Honigwein
milk: Milch
milk shake: Milchmixgetränk mit Eis und Früchten
mineral water: Mineralwasser
mulled wine: Glühwein

night cap: Schlummertrunk, letzte Bestellung

orange juice: Orangensaft
orange squash: ausgepreßter Orangensaft

peppermint tea: Pfefferminztee
pineapple juice: Ananassaft
planter's punch: Fruchtsaft mit Rum
port: Portwein
pot: Kanne

red wine: Rotwein

sparkling wine: Schaumwein
spirits: Spirituosen
stout beer: dunkles, starkes Bier
sweet wine: süßer Wein

table wine: Tischwein
tea: Tee
tea with lemon: Tee mit Zitrone
tea with milk: Tee mit Milch
Toddy: Whisky mit heißem Wasser und Würfelzucker
tomato juice: Tomatensaft

vermouth: Wermut

white wine: Weißwein
whole milk: Vollmilch
wine by the glass: offener Wein

Essen und Trinken 15

Speisen
almonds: Mandeln
anchovies: Sardellen
appetizer: Vorspeise
apple: Apfel
applesauce: Apfelmus
apricot: Aprikose
asparagus: Spargel

bacon: Speck
bagel: hartes (jüdisches) Brötchen
beans: Bohnen
beef: Rind
beef-broth: Fleischbrühe
beef Wellington: Filet im Brotteig
biscuit: Keks, Plätzchen
bisque: Hummer- oder Krebssuppe
black pudding: Blutwurst
blueberries: Heidelbeeren
boiled: gekocht
boiled potatoes: Salzkartoffeln
boar: Wildschwein
brains: Hirn
braised: geschmort, gedünstet
bread: Brot
bream: Brasse
brill: Meerbutt
brisket: Brust(-stück) vom Rind
broiled: gegrillt
brown bread: Schwarzbrot
Brussels sprouts: Rosenkohl
bun: weiches Brötchen
butter: Butter

cabbage: Kohl
cake: Kuchen, Torte
candy: Bonbons, Süßigkeiten
capon: Kapaun
caraway: Kümmel
carp: Karpfen
carrots: Karotten
casserole: Eintopfgericht
cauliflower: Blumenkohl
celery: Sellerie
cereal: Getreideflocken
chanterelles: Pfifferlinge
chateaubriand: Filetsteak
cheese: Käse
cheesecake: Käsekuchen
cherries: Kirschen
chestnut: Eßkastanie, Marone
chicken: Huhn
chives: Schnittlauch

chop: Kotelett
chowder: dicke Suppe von Fisch, Fleisch oder Schalentieren
chuck steak: Schultersteak
cinnamon: Zimt
clams: Muscheln
club sandwich: gedeckte Weißbrotscheibe mit Salatblatt, Tomate, heißem Speck, kaltem Huhn und Mayonnaise
club steak: Filetsteak
cod: Kabeljau
coffee cake: Hefekuchen
cold cuts: Aufschnitt
cole slaw: Krautsalat
cooked: gekocht
cookies: Plätzchen
corn: Mais
corn cob: Maiskolben
crab: Taschenkrebs
cranberries: Preiselbeeren
crawfish: Krebs
crayfish: Flußkrebs
crayfish soup: Krebssuppe
cream: Sahne
cream soup: Cremesuppe
crustacea: Krustentiere
cucumber: Gurke
curd: Quark, Dickmilch
curry: Curry
cutlet: Schnitzel

dates: Datteln
dessert: Nachtisch
diet: Diät
dish of the day: Tagesgericht
donut: eine Art Berliner
drawn butter: ausgelassene Butter
dressing: Salatsoße
duck: Ente
dumplings: Klöße

eel: Aal
egg: Ei
eggplant: Aubergine
endive: Endivie, Chicorée
entree: Hauptgang

fennel: Fenchel
figs: Feigen
fish: Fisch
fish soup: Fischsuppe
flounder: Flunder

16 Essen und Trinken

Essen und Trinken

fowl: Geflügel
french fries: Pommes frites
fried: in der Pfanne gebraten
fried eggs: Spiegeleier
fried potatoes: Bratkartoffeln
fried sausage: Bratwurst
frog leg: Froschschenkel
fruit: Obst

game birds: Wildgeflügel
garlic: Knoblauch
goose: Gans
gooseberry: Stachelbeere
goose liver: Gänseleber
grapes: Weintrauben
gravy: Bratensoße
green beans: grüne Bohnen

haddock: Schellfisch
halibut: Heilbutt
ham: Schinken
hard boiled egg: hartgekochtes Ei
hare: Hase
haricot beans: weiße Bohnen
hash: Haschee
hazel-nut: Haselnuß
heart: Herz
herbs: Kräuter
herring: Hering
honey: Honig
horseradish: Meerrettich
hotchpotch: Ragout

ice-cream: Speiseeis
ice-cream cake: Eistorte
Irish stew: irischer Eintopf mit Kohl und Hammelfleisch

jam: Marmelade
jelly: Gelee
jellied: in Aspik
juniper berries: Wacholderbeeren

kale: Grünkohl
kidney: Nieren
kipper: Bückling
knuckles: Haxe

lamb chop: Lammkotelett
leek: Lauch, Porree

leg of lamb: Lammkeule
lemon: Zitrone
lentils: Linsen
lettuce: Kopfsalat
lime: Limone
liver: Leber
lobster: Hummer
loin: Lendenstück
lomi Salmon: marinierter Lachs

mackerel: Makrele
marmalade: Marmelade
mashed potatoes: Kartoffelbrei
meat: Fleisch
meat balls: Fleischklößchen
medium rare: halb durchgebraten
minced meat: Hackfleisch
mint: Minze
morellos: Sauerkirschen
morels: Morcheln
muffin: kleines, rundes Brötchen
mullet: Seefisch
mushrooms: Pilze, meist Champignons
mussels: Miesmuscheln
mustard: Senf
mutton: Hammel

noodles: Nudeln
nuts: Nüsse

octopus: Tintenfisch
oil: Öl
onions: Zwiebeln
oxtail: Ochsenschwanz
oysters: Austern

palmsalad: Salat aus Palmenherzen
pancake: Pfannkuchen
parsley: Petersilie
partridge: Rebhuhn
pastry: Gebäck, Kuchen
patty shell: Pastetchen
peach: Pfirsich
peanuts: Erdnüsse
pear: Birne
peas: Erbsen
pepper: Pfeffer
peppers: Paprikaschoten
perch: Barsch

Aus alt mach neu: Fast-food-Restaurants wie hier in Philadelphia gehören seit den fünfziger Jahren zur Massenkultur

Essen und Trinken

pheasant: Fasan
pickles: eingelegte Gurken, Blumenkohl, Zwiebeln
pie: Pastete, Torte
pigeon: Taube
pike: Hecht
pike-perch: Zander
pineapple: Ananas
plaice: Scholle
plums: Pflaumen
poached eggs: verlorene Eier
pork: Schweinefleisch
porterhouse steak: großes Steak mit Filetstück und Knochen
potatoes: Kartoffeln
potatoes in their jackets: Pellkartoffeln
pot-roast: Schmorbraten
poultry: Geflügel
prunes: Backpflaumen
puff pastry: Blätterteig
pumpkin: Kürbis

quail: Wachtel
quince: Quitte

rabbit: Kaninchen
radish: Radieschen, Rettich
raisins: Rosinen
rare: fast roh
rarebit: überbackener Toast
raspberries: Himbeeren
red cabbage: Rotkohl
red currants: rote Johannisbeeren
rhubarb: Rhabarber
rib: Rippe
rice: Reis
roast: Braten
roasted: im Ofen gebraten
roll: Brötchen
rye bread: Roggenbrot

salad: Salat
salmon: Lachs
sandwich: belegtes Brot
sauce: Soße
sausage: Wurst
scallops: Kammuscheln
scrambled eggs: Rühreier
sea-food: Meeresfrüchte
semolina: Grieß
shellfish: Schalentiere
shrimps: Garnelen, Krabben

side dish: Beilagen
sirloin steak: Lendensteak
skate: Rochen
slice: Scheibe
smoked: geräuchert
snails: Schnecken
soft boiled egg: weichgekochtes Ei
sole: Seezunge
soufflé: Schaumspeise
soup: Suppe
sour cream: saure Sahne
soy sauce: Sojasoße
spareribs: Rippenspeer
spread: Brotaufstrich
squid: Tintenfisch
steamed: gedämpft
stewed: geschmort
strawberries: Erdbeeren
stuffed: gefüllt
sucking pig: Spanferkel
sweetbread: Kalbsbries
sweets: Süßspeisen

tart: Törtchen
T-bone steak: Steak mit Filetstück und Knochen
tench: Schleie
tenderloin: Filetstück
tongue: Zunge
trifle: Nachspeise aus in Wein getränktem Biskuitkuchen mit Schlagsahne
trout: Forelle
tuna fish: Thunfisch
turbot: Steinbutt
turkey: Truthahn
turnips: weiße Rübchen
turtle: Schildkröte

veal: Kalb
vegetables: Gemüse
vegetarian salad: Rohkostsalat
venison: (Rot-)Wild
vinegar: Essig

wafers: dünne Waffeln
waffles: Waffeln
walnut: Walnuß
well done: gut durchgebraten
wheat: Weizen
whipped cream: Schlagsahne

yam: süße Kartoffel

Hotels und andere Unterkünfte

In zwei Punkten sind die Amerikaner kaum zu schlagen – ihren Betten und ihren Badezimmern. Wir sprechen hier nicht vom Liebesleben, sondern von den amerikanischen Hotels. Nicht nur in den bekannten Hotelketten (Hyatt, Marriott, Hilton, Sheraton, Holiday Inn) findet der Gast jeden Komfort, sondern im allgemeinen auch in den preiswerteren Motels, von denen einige allerdings auch nur das absolute Minimum bieten – einen Schlaf- und einen Parkplatz. Gerade an der amerikanischen Ostküste kann der Neugierige seine Übernachtung aber auch mit einem Exkurs in die Geschichte verbinden: Nicht wenige der liebenswerten *country inns* (Landgasthäuser) in Neuengland stammen aus dem frühen 19. Jahrhundert. Auf Cape Cod und den Inseln ist die Formel *bed and breakfast* (rund $ 50 pro Nacht) sehr beliebt: In der kurzen, aber intensiven Hochsaison reichen die Hotels nicht aus; viele Gäste quartieren sich deshalb bei Familien ein. Hilfreiche Informationen und eine gute Übersicht vermitteln die spottbilligen, jedes Jahr auf den neuesten Stand gebrachten »Mobil Travel Guides«; in Betracht kommen hier die Bände »North East« und »Middle Atlantic«.

Die Übernachtungspreise variieren erheblich nach Region und Saison. Am teuersten sind Boston und Washington. Die meisten Luxushotels bieten zum Wochenende starke Preisnachlässe an – erkundigen Sie sich also nach der *weekend rate*. Anders als in deutschen Hotels unterscheiden sich die Preise für Einzel- und Doppelzimmer, wenn überhaupt, nur unwesentlich.

Stilvoll übernachten

Quality Inn in Boston
Das Art-deco-Hotel stammt aus den Goldenen Zwanzigern (S. 40).

Old Post House in Southampton
In der Stadt gibt es keine bessere Adresse (S. 46).

Three Village Inn in Stony Brook/Long Island
Das traditionsreiche Schindelhaus ist 240 Jahre alt. Die Bedienung serviert in historischer Kellnertracht (S. 46).

Red Lion Inn in Stockbridge
In diesem gemütlichen Landhotel ist alles gediegen (S. 52).

Captain's House auf Cape Cod
1839 entstand dieses Kleinod (S. 54 f.).

Warwic in Philadelphia
Ein Schmuckstück im Tudorstil (S. 71).

Georgetown Inn in Washington
Himmlisch schlafen in der Hauptstadt (S. 82).

Einkaufen

Wenn Sie in Amerika einkaufen wollen, sollten Sie das möglichst in New York tun: Keine andere Stadt verfügt über ein so reichhaltiges Angebot. Hängen Sie also vor Ihrer Rückreise einen Tag zum *shopping* in der Madison und Fifth Avenue an. Wenn das nicht geht, brauchen Sie jedoch nicht zu verzweifeln: Die Newbury Street in Boston mit ihren eleganten Boutiquen kann es ohne weiteres mit der Düsseldorfer »Kö« aufnehmen, desgleichen der luxuriöse Georgetown Park in Washington mit jedem deutschen Einkaufszentrum. Manche Dinge sind billiger als in Deutschland, z. B. Schallplatten und HiFi-Anlagen. Auch Damen- und Herrenbekleidung ist im *sale* (Ausverkauf) oft erstaunlich preiswert. In Neuengland wird Ihnen die große Anzahl von *antique shops* auffallen. In den meisten Fällen handelt es sich bei den »Antiquitäten« freilich um harmlosen Trödel. Ergiebiger Jagdgrund für Souvenirs sind die amerikanischen Museen. Da sie im Regelfall keine öffentlichen Subventionen beziehen, unterhalten sie, um ihre Einnahmen aufzubessern, Andenkenläden, in denen sich das Problem eines zugleich geschmackvollen wie originellen Mitbringsels rasch lösen läßt.

Auf die angegebenen Preise wird eine *sales tax* (Verkaufssteuer) aufgeschlagen, die von Bundesstaat zu Bundesstaat, unter Umständen sogar von Gemeinde zu Gemeinde schwankt. Sie liegt zwischen 5% (Massachusetts) und 10% (Washington). Die Steuer entfällt, wenn Sie sich die gekaufte Ware nach Deutschland schicken lassen, was mit Schiffspost ungefähr fünf Wochen dauert, mit Luftpost (wenn Sie Glück haben) eine Woche.

Sport und Strände

In Amerika spielt, wie jeder weiß, die körperliche Ertüchtigung eine kapitale Rolle. Wer also die Absicht hat, sich hier sportlich zu betätigen, wird unschwer die erforderlichen Anlagen finden. Unter den Hotels außerhalb der großen Städte unterhalten viele eigene Tennisplätze. Golf ist weitaus verbreiteter als in Deutschland: Überall gibt es Golfplätze, die für eine mäßige Gebühr Fremde willkommen heißen. Auch zum Marathonlauf in Boston (Mitte April) ist der auswärtige Gast herzlich eingeladen.

In der Reisezeit zwischen Mai und Oktober, in der die meisten Touristen Amerika besuchen, steht natürlich das Schwimmen ganz obenan. Die Küste zwischen Boston und Washington ist praktisch ein einziger Badestrand. Besonders beliebt sind die Strände auf Cape Cod, auf der Südseite von Long Island und in der Gegend von Atlantic City. An den Wochenenden strömen die New Yorker nach Long Island – die wohlhabenderen zu den »Hamptons« (zwischen Westhampton Beach und East-Hampton), die weniger gut Betuchten an die Jones Beach. Auf Fire Island gibt es Strände (Cherry Grove, Fire Island Pines), die überwiegend von Homosexuellen frequentiert werden. Der Zugang zu den Stränden ist – abgesehen von einer Parkgebühr – im allgemeinen kostenfrei. Wer sich für Windsurfen, Segeln und Sporttauchen interessiert, ist auf Cape Cod gut aufgehoben.

Wer in Amerika Wintersport treiben will, reist am besten gleich nach Colorado weiter. Die besten Ski-Orte der Ostküste sind in den Staaten Vermont, New Hampshire und Maine zu finden – also nördlich unseres Reisegebiets. Für Langlauf bieten aber auch der Mohawk Mountain State Park in Connecticut und die Berkshires in Massachusetts gute Möglichkeiten.

Feste und Festivals

Die Amerikaner wissen ihre Feste zu feiern. Am Memorial Day, dem letzten Montag im Mai, oder dem Independence Day (4. Juli) finden im ganzen Land festliche Konzerte, fröhliche Umzüge und Feuerwerk statt. In Massachusetts begeht man zusätzlich noch am 19. April den Patriot's Day, der den Beginn des Unabhängigkeitskriegs 1775 markiert. In der Nacht auf diesen denkwürdigen Tag ritt der Silberschmied Paul Revere von Lexington nach Concord, um die »Patrioten« vor den nahenden Engländern zu warnen. In diesen beiden Städtchen sind die Umzüge denn auch am lohnendsten.

Aber auch an Festivals herrscht kein Mangel: Jedes Dorf hat heute sein eigenes – das ist in Amerika nicht anders als in Europa. Die meisten finden in der warmen Jahreszeit statt, also der Saison, in der auch die meisten Touristen die Ostküste bereisen. Wir haben Ihnen eine Liste der wichtigsten Festivals zusammengestellt. Einige – zum Beispiel das Musikfest in Tanglewood – genießen internationalen Ruf. Ein Erlebnis besonderer Art sind die Klavier- und Kammermusik-Abende in den luxuriösen Millionärspalästen von Newport. Den populären Gegenpol bilden die Freitagsparaden der Marinetruppen in Washington oder die Wahl der Miss America in Atlantic City.

Die angegebenen Telefonnummern sollen Sie in die Lage versetzen, sich frühzeitig über das Programm zu unterrichten und Plätze zu reservieren (ist mit Kreditkarte im allgemeinen auch von Deutschland aus möglich).

Festtagskalender

1. Januar: Philadelphia, Mummers Parade (kostümierte Musikbands)
17. März: Boston, St. Patrick's Day (die irische Bevölkerung feiert den Tag ihres Nationalheiligen im großen Stil)
Anfang April: Washington, Cherry Blossom Festival (Fest der Kirschblüte: Parade und Wahl der Königin)
Mai–September (freitags): Washington, Friday Evening Parades der Marineinfanteristen
Tel. (2 02) 4 33-60 60
Letzter Sonntag im Juni: Provincetown, Mass., Blessing of the Fleet (Segnung der Fischereiflotte)
4. Juli: Philadelphia, Freedom Festival (Parade zur Erinnerung an die Unabhängigkeitserklärung)
Mitte Juli: Newport, R.I., Musikfestival
Tel. (4 01) 8 46-11 33
Juli–August: Lenox, Mass., Musikfestspiele Tanglewood
Tel. (6 17) 2 66-14 92
Juli–August: Lee, Mass., Tanzfestival Jacob's Pillow
Tel. (6 17) 6 37-13 22, 2 43-07 45
Juli–August (freitags): Plymouth, Mass. Pilgrims Progress (Prozession im Kostüm der Pilgerväter)
2. Woche September: Atlantic City, Wahl der Miss America
Tel. (6 09) 3 45-75 71

Farbsymphonie: Indian Summer in Neuengland

Natur und Umwelt

Das größte Naturschauspiel an der amerikanischen Ostküste ist die alljährliche *fall foliage,* das Verfärben der Blätter im Herbst. Aufgrund der besonderen klimatischen Verhältnisse nimmt der jahreszeitlich bedingte Chlorophyll-Abbau in Neuengland ungewöhnlich dramatische Formen an. Der Höhepunkt dieses Naturschauspiels fällt in die erste Oktoberhälfte: Die Wälder leuchten dann in Gold und Rot.
Wer sich für die ganze Vielfalt der landschaftlichen Schönheiten, der Pflanzen, Blumen und Bodenbeschaffenheiten unseres Reisegebiets interessiert, wendet sich am besten an den Appalachian Mountain Club (5 Joy Street, Boston, Mass. 02108, Tel. (617) 523-0636). Vergleichbar etwa den deutschen oder österreichischen Alpenvereinen, bemüht er sich um die Pflege und den Erhalt der Natur- und damit auch um den Schutz der Wandergebiete. Darüber hinaus hält der gemeinnützige Verein eine Fülle von Informationsmaterial – Wanderführer, Broschüren über umweltgerechtes Verhalten in der Natur und die geeignete Ausrüstung, insbesondere in den Bergen – bereit.
Tierfreunde treffen an der amerikanischen Ostküste eine Anzahl von Arten an, die wir in der Bundesrepublik Deutschland nur aus dem Zoo – oder aus Büchern – kennen: Elche, Schwarz- und Waschbären, Stinktiere, Stachelschweine und *chipmunks* (Backenhörnchen). *Bird watchers* sei das Vogelschutzgebiet bei Cape May ans Herz gelegt: Es ist ein wichtiger Rastplatz von zahllosen Zugvögeln. Ein zweites Vogelschutzgebiet ist auf der Insel Monomoy südlich von Cape Cod zu finden. Der zugleich bedeutendste und bei Besuchern beliebteste Zoo an der amerikanischen Ostküste ist der National Zoo in Washington. Besondere Attraktionen sind dort die Pandas, vor allem die zwei Riesenpandas, ein Geschenk der chinesischen Regierung.
Der *Umweltschutz* wird in Amerika ebenso ernst genommen wie in der Bundesrepublik Deutschland, allerdings ohne die bei uns üblichen apokalyptischen Übersteigerungen. Die Kernenergie ist in Amerika kein Thema, engagierte Diskussionen werden dagegen über den »Treibhauseffekt«, den »sauren Regen« und die Erhaltung aussterbender Tierarten geführt. Die Anforderungen an die Umweltfreundlichkeit des Treibstoffs sind strenger als bei uns. Viele Bundesstaaten – allen voran der Staat New York – haben das Rauchen in öffentlichen Gebäuden, in Restaurants und am Arbeitsplatz eingeschränkt, teilweise auch ganz und gar verboten. Über die Erfolge des Umweltschutzes wacht eine Regierungsstelle, die Environmental Protection Agency (EPA) in Washington.

Routen und Touren

Unser Reisegebiet verfügt über ein dichtes Netz guter Verbindungen. Ausgesprochene Ferienstraßen sind allerdings rar. Das gilt insbesondere für den südlichen Teil: Die direkte Route von New York nach Washington (New Jersey Turnpike) ist ziemlich trostlos. Vorzuziehen ist ein Umweg über den in Meeresnähe verlaufenden Garden State Parkway; er hat auch den Vorteil, über Atlantic City zu führen. Von Cape May aus können Sie sich mit der Fähre (Überfahrt eine Stunde) nach Lewes (Delaware) übersetzen lassen und von dort aus Washington über Annapolis erreichen.

Im Norden sind die Verhältnisse besser: Die direkte Route von New York nach Boston (Connecticut Turnpike) führt Sie nicht einfach nur am Meer entlang, sondern bietet Ihnen außerdem die Möglichkeit zu einem Abstecher nach Newport. Landschaftlich besonders reizvoll sind die Nebenstraßen (Nr. 6A, 28) auf Cape Cod, der Mohawk Trail (Nr. 2) und der Berkshire Trail (Nr. 9) – alle in Massachusetts.

So gut wie alle Orte unseres Reisegebiets sind auch mit dem Bus zu erreichen. Die größte Gesellschaft, Greyhound Trailways, unterhält landesweit an die 4000 Busse und bietet preiswerte Dauerkarten (»Ameripasses«) an. Eine Wochenkarte kostet $189. Vorherige Reservierung ist im allgemeinen nicht notwendig. Auskünfte über Strecken und Tarife → Info.

Zum Radfahren *(biking)* eignen sich besonders die Inseln. Auf dem Festland bieten sich die Berkshires an. In Williamstown und Pittsfield gibt es mehrere Fahrradgeschäfte, die Räder vermieten. Karten sind zu beziehen vom Massachusetts Department of Natural Resources (100 Cambridge Street, Boston, Mass. 02202) und vom Berkshire County Commissioner (Superior Court Building, 70 East Street, Pittsfield, Mass. 01201).

Wandern *(hiking)* ist in Amerika weniger verbreitet als bei uns: Wenn Sie am Straßenrand entlangmarschieren, können Sie damit rechnen, daß mitleidige Autofahrer – in der Annahme, Sie hätten eine Panne – anhalten und sich anbieten, Sie zur nächsten Tankstelle zu fahren.

Wanderwege gibt es vor allem in den National und State Parks. Allein im Berkshire-Distrikt finden Sie nicht weniger als 21 State Parks. Wer sich gut vorbereiten will, sollte den Katalog von Verlagen anfordern, die auf Literatur für Radfahrer und Wanderer spezialisiert sind:

Globe Pequot Press
138 Main Street
Chester, Ct. 06412

Backcountry Publications
P. O. Box 175
Woodstock, Vt. 05091

Orte und Ziele in der Umgebung

Atlantic City

Um die Jahrhundertwende war Atlantic City Amerikas eleganteste »Sommerfrische«, die sich vor europäischen Seebädern wie Brighton, Scheveningen oder Biarritz nicht zu verstecken brauchte. Berühmt war vor allem der »Boardwalk«, die 8 km lange hölzerne Uferpromenade. Im Spiel »Monopoly«, das in den dreißiger Jahren auf den Markt kam, ist der »Boardwalk« die teuerste Gegend. Auch die übrigen Straßen, um deren Bebauung die Spieler ringen, gibt es in Atlantic City wirklich. Nach dem Zweiten Weltkrieg setzte der Verfall ein: Die Entwicklung des Flugtourismus trieb die herkömmliche Klientel ins Ausland; kleinbürgerliche Tagesausflügler drängten nach. Ein Referendum, das 1976 das Glücksspiel zuließ, brachte die gute alte Zeit nicht zurück, bescherte Atlantic City mit seinen mittlerweile 160 000 Einwohnern jedoch Besuchermassen nie gesehenen Ausmaßes: Nicht weniger als 30 Millionen Amerikaner versuchen Jahr für Jahr in den Spielkasinos ihr Glück. Damit steht Atlantic City – noch vor der Disney World und den Niagara-Fällen – an der Spitze der Touristenattraktionen des Landes.

Die Zahl der Kasinos ist mittlerweile auf zwölf angestiegen. Das neueste und größte, Donald Trumps »Taj Mahal«, wurde allerdings zu einem Zeitpunkt fertig, als es mit der Konjunktur abwärts ging. Allgemein wird erwartet, daß auch die Zahl der Spielhöllen abnimmt. Alle Kasinos werden in Hotels betrieben. Gespielt wird Blackjack (eine Abart von »Siebzehnundvier«), Bakkarat, Roulette und Craps. Bei Craps geht es am geräuschvollsten zu: Nicht das Ziel einer rollenden Kugel muß der Spieler erraten, sondern die Augenzahl von Würfeln. Mindesteinsatz ist fünf Dollar. Für die Reicheren gibt es aber auch Tische, an denen Scheine unter 100 Dollar höchstens als Trinkgeld für den Croupier – oder die Croupière – taugen. Am populärsten sind die *slot machines,* jedem Kneipenbesucher als »einarmige Banditen« wohlbekannt. In Atlantic City stehen mehr als 20 000 davon. Ein Wald von Spielautomaten, und vor jedem ein Mensch der reiferen und reifsten Jahrgänge – wer auf den Anblick nicht gefaßt ist, dem verschlägt er die Sprache. Wer mitmachen will, aber die Spielregeln nicht kennt, kann sie sich an Ort und Stelle geben lassen. Mindestalter: 21 Jahre. Kurze Hosen und T-Shirt sind verpönt; nach 18 Uhr herrscht Jackenzwang.

Natürlich kann man in Atlantic City auch einfach nur baden. Oder man fährt zur Wahl der Miss America. Sie findet in der Woche nach Labor Day (erster Montag im September) in der Convention Hall, Boardwalk, zwischen Florida und Mississippi Avenue, statt und wird von Paraden und nautischen Veranstaltungen umrahmt.

Atlantic City

Wenn Sie einen Badeort suchen, der – im Gegensatz zu Atlantic City – eine Atmosphäre des viktorianischen Zeitalters bewahrt hat, so finden Sie ihn weiter südlich in Cape May; diese kleine Stadt am Südzipfel von New Jersey ist der älteste Badeort Amerikas.

Sehenswertes

Wer sich an »einarmigen Banditen« satt sehen möchte, findet dazu in Atlantic City ausreichend Gelegenheit. Ansonsten gibt es kaum Nennenswertes.

Treffpunkte

Bei der Beschreibung der Kasinos in Atlantic City wird Ihnen schon klar geworden sein, daß Sie hier die Amerikaner nicht gerade von ihrer kultiviertesten Seite kennenlernen können, wohl dagegen von ihrer ungehemmtesten. Dennoch ein Wort der Warnung: Spieler, die mehrere Automaten gleichzeitig bedienen, wollen unter keinen Umständen gestört werden, ebensowenig solche, die Tabellen neben sich liegen haben, die also einer sogenannten »todsicheren« Methode folgen. Die anderen dagegen, die wie Sie ziellos durch die Spielsäle wandern und hier und da ein wenig kiebitzen, werden Ihren Gruß freundlich erwidern. Wenn Sie nach jüngeren Bekanntschaften Ausschau halten, sollten Sie sich nach dem Personal umsehen: Nicht wenigen der jungen Damen, die die Spieler mit Getränken versorgen, blitzt die Hoffnung aus dem Auge, dermaleinst Miss America zu werden.

Einkaufen

Das ungewöhnlichste Einkaufszentrum in Atlantic City ist Ocean 'One (Boardwalk/Arkansas Avenue): Wie ein Schiff ragt es 300 m ins Meer hinein. Seinen Namen hat es von dem schloßartigen Anwesen, das früher hier stand: Der Eigentümer, ein Bauunternehmer namens John Lake Young, verkehrte mit seinen Geschäftsfreunden unter der Anschrift »Nr. 1, Atlantic Ocean«. Wenn Sie Antiquitäten oder Galerien besuchen, sollten Sie sich in der Fußgängerzone Gordon's Alley (Boardwalk zwischen Pennsylvania und Virginia Avenue) umsehen. Schon wegen seines Äußeren besuchenswert ist das Victorian Pink House in Cape May (33 Perry Street): Hier werden nicht nur Antiquitäten verkauft; das ganze Haus ist eine Antiquität. Das ortsübliche Souvenir ist der »Cape May diamond« – kein Diamant, sondern vom Meer rundgeschliffener Quarz.

Restaurants

Die Kasino-Hotels in Atlantic City geben sich die größte Mühe, Sie am Verlassen des Grundstücks zu hindern: Ein halbes Dutzend Restaurants im eigenen Hause – vom Schnellimbiß bis zur *haute cuisine* – soll sicherstellen, daß Sie so rasch wie möglich an den Spieltisch zurückkehren. Wer wenigstens während des Essens der Kasino-Atmosphäre entfliehen will, ist bei den folgenden Adressen gut aufgehoben:

Dock's Oyster House Das beste Fischlokal von Atlantic City, seit 1897 in Betrieb.
2405 Atlantic Avenue (zwischen Florida und Georgia Avenue)
Tel. (6 09) 3 45-0092
1. Kategorie

Johan's Zelande Erstklassige französische Küche in viktorianischem Ambiente.
3209 Fairmont Avenue (Ecke Sovereign Avenue)
Tel. (6 09) 3 44-57 33
Luxuskategorie

Knife and Fork Inn Hier werden seit über 60 Jahren Fisch und Scha-

Atlantic City

Die kühle Pracht einer Spielerstadt: Atlantic City

lentiere serviert. Nur Abendessen. Tischreservierung ab 4 Personen.
Albany/Pacific Avenue
Tel. (6 09) 3 44-11 33
1. Kategorie

Ram's Head Inn Wenn Sie mit dem Wagen reisen und Ihnen ein Abstecher von 12 km nicht zuviel ist, besteht gute Aussicht, daß Sie in diesem Schindelhaus aus der Kolonialzeit die Pop-Stars wiederfinden, denen Sie am Abend zuvor in Atlantic City applaudiert haben. Traditionelle amerikanische Küche.
9 West White Horse Pike (Route Nr. 30), Absecon
Tel. (6 09) 6 52-17 00
1. Kategorie

Hotels

In Atlantic City sollten sie unbedingt in einem der zwölf Kasino-Hotels absteigen: Sie haben nicht nur die Spielbank vor der Tür, sondern zahlen für ein Zimmer der Luxusklasse einen verhältnismäßig günstigen Preis. Viele Kasino-Hotels bieten überdies Sondertarife *(packages)* an. Darum rechtzeitig vorbestellen! Der Grund für das Entgegenkommen ist klar: Was Sie am Zimmer sparen, soll Ihnen am Spieltisch doppelt und dreifach abgeknöpft werden. Über den Geschmack dieser Hotels läßt sich streiten (das amerikanische Wort dafür ist *glitzy*), nicht jedoch über ihre zivilisatorischen Annehmlichkeiten: Sie verfügen durchweg über Swimmingpools, Saunen und Gymnastikräume. Individuellen Service dürfen Sie freilich nicht erwarten: In Atlantic City ist alles auf Massenabfertigung eingestellt. Wir nennen Ihnen hier ein halbes Dutzend Adressen:

Bally's Park Place Hier ist immer noch etwas von Atlantic Citys großer Vergangenheit zu spüren: Eines der drei Hotels, die früher hier standen, wurde vollständig eingebaut; von den beiden andern hat ein Teil des Dekors überlebt.
Boardwalk/Michigan Avenue
Tel. (6 09) 3 40-20 00
1. Kategorie, 1300 Zi.

Caesar's Atlantic City Überall stehen römische Statuen, die Ladenstraße heißt Via Appia, das Haustheater Circus Maximus, und im Spielkasino sind die schmucken Helferinnen mit einer knappen Toga bekleidet – kurz: Wer seine gymna-

Atlantic City

siale Liebe zur Antike wieder auffrischen will, ist hier richtig.
Pacific/Arkansas Avenue
Tel. (6 09) 3 48-44 11
1. Kategorie, 645 Zi.
Sand's Eines der preiswertesten Kasino-Hotels. Gäste sind eingeladen, im Sand's Country Club in Somers Point (südlich von Atlantic City) Golf zu spielen.
Indiana Avenue/Brighton Park
Tel. (6 09) 4 41-40 00
2. Kategorie, 500 Zi.
Taj Mahal Das neueste, im April 1990 unter gewaltigem Trara eingeweihte Kasino-Hotel. Im Stil eifert es indischen Palästen nach.
Pacific/Virginia Avenue
Tel. (6 09) 4 49-10 00
1. Kategorie, 1250 Zimmer
Tropicana Unlängst ausgebaut, mit »Tropworld«, einem Themenpark à la Disneyland.
Boardwalk/Iowa Avenue
Tel. (6 09) 3 40-40 00
2. Kategorie, 1000 Zi.
Trump Plaza Eines der drei Kasino-Hotels, die (noch?) dem New Yorker Baukrösus Donald Trump gehören. Pluspunkt ist hier die zentrale Lage gleich neben dem Convention Center.
Boardwalk/Missisippi Avenue
Tel. (6 09) 4 41-60 00
1. Kategorie, 583 Zi.

Am Abend

Ebenso wie Las Vegas hält auch Atlantic City die Spieler durch ein vielfältiges Abendprogramm bei Laune. Alle Kasino-Hotels besitzen Theater, in denen die bekanntesten Entertainer des Landes auftreten. Sie haben die Wahl zwischen Musicals, Revuen, Akrobaten, Zauberkünstlern, Damen-Imitatoren und Boxkämpfen.
Einzelheiten sind der Tageszeitung »Atlantic City Press« und den Anschlägen im Convention and Visitors Bureau, 2304 Pacific Avenue, zu entnehmen.

Service
Auskunft
Convention & Visitors Bureau
2304 Pacific Avenue, Atlantic City, NJ 08401
Tel. (6 09) 3 48-71 00
Miss-America-Wahl
Auskunft bei:
Miss America Pageant
1325 Boardwalk
Atlantic City, NJ 08401
Tel. (6 09) 3 47-75 71 und 3 44-52 78
Stadtrundfahrten
Gray Line Tours
9 North Arkansas Avenue
Tel. (6 09) 3 44-09 65

Ziele in der Umgebung

Cape May Die kleine Stadt an der Südspitze des Bundesstaates New Jersey rühmt sich, der älteste Badeort Amerikas zu sein: Seit 1761 suchen hier Sommergäste Erholung. Im vorigen Jahrhundert galt die Stadt als »Presidents' Playground«, da Abraham Lincoln und mehrere seiner Amtsnachfolger hier ihren Urlaub verbrachten. 1878 zerstörte ein Feuer das Zentrum. Die Häuser wurden rasch wieder aufgebaut: Cape May präsentiert sich seitdem als nahezu geschlossenes Ensemble im viktorianischen Stil. Heute steht die ganze Stadt unter Denkmalschutz. Gehen Sie im historischen Distrikt zwischen Perry und Franklin Street spazieren; danach können Sie sich in einem der Cafés auf der Washington Street Mall (Fußgängerzone) stärken. Wenn Sie die Anwesen auch von innen besichtigen wollen, sollten Sie beim Emlen Physick House, 1048 Washington Street, den Anfang machen (variable Öffnungszeiten, Tel. (6 09) 8 84-54 04). Montags und mittwochs veranstaltet das unter derselben Adresse ansässige Mid-Atlantic Center for the Arts abendliche »Gaslight Tours« durch mehrere viktorianische Häuser (selbe Tel.Nr.). Einige davon – Abbey

Chalfonte, Mainstay – sind heute einfache, aber stilvolle Hotels (Übernachtungen vermittelt das Welcome Center, 405 Lafayette Street, Tel. (6 09) 8 84-55 08).
Von Cape May aus können Sie mit der Fähre nach Lewes (Delaware) übersetzen und von dort aus nach Washington weiterreisen (Überfahrt eine gute Stunde, Abfahrtzeiten sind über Tel. (6 09) 8 86-27 18 zu erfragen). In Cold Spring – eine gute Meile nördlich von Cape May auf der Straße Nr. 9 – finden Sie das Historic Cold Spring Village, ein kleines Museumsdorf, das das ländliche Leben in New Jersey, wie es vor hundert Jahren war, veranschaulicht (735 Seashore Road, Mai bis Okt. tgl. 9.30–17 Uhr).

Boston

Mit knapp 580 000 Einwohnern steht Boston unter den amerikanischen Großstädten an zwanzigster Stelle. Seine Bedeutung leitet sich weniger aus der Gegenwart her als aus der Vergangenheit: Vor gut zweihundert Jahren war die Hauptstadt von Massachusetts das Zentrum des Widerstands der Siedler gegen die britische Kolonialherrschaft. Stolz nennt es sich noch heute »die Wiege der amerikanischen Unabhängigkeit«. 1765 fanden hier die ersten antibritischen Unruhen statt. Beim sogenannten »Boston Massacre« im März 1770 schossen die Besatzungstruppen in die Menge; fünf Menschen kamen ums Leben. Im Dezember 1773 überfielen als Indianer verkleidete *Bostonians* drei Schiffe der East India Company und warfen den geladenen Tee ins Meer. Dieses als »Boston Tea Party« in die Geschichte eingegangene Ereignis war das wichtigste Vorspiel zum Unabhängigkeitskrieg.
Die architektonischen Zeugnisse aus dieser heroischen Zeit sind auch für den Touristen die größte Attraktion. Gleich danach kommt das vornehme Wohnviertel Beacon Hill mit seinen wohlerzogenen Fassaden, dem anheimelnden Kopfsteinpflaster und seinen alten Gaslaternen. Hier wohnten (und wohnen noch) die sprichwörtlichen Cabots, die nur mit den Lowells sprachen, und diese wiederum nur mit Gott.
So wie man die Texaner mit den Bayern verglichen hat, könnte man die Bostonians mit den Hamburgern oder Bremern vergleichen. Liebevoll pflegen sie ihre angelsächsischen Traditionen. Auch sprachlich unterscheiden sie sich vom Rest des Landes: Sie rollen das R nicht im Gaumen, sondern *paak the caa*. Mit dem Machtmonopol des konservativen, republikanisch wählenden WASP ist es allerdings vorbei: Im State House, dem Amtssitz des Gouverneurs von Massachusetts, residiert Michael Dukakis, Sohn griechischer Einwanderer und bei den Präsidentschaftswahlen von 1988 demokratischer Gegenkandidat von George Bush.
Wie Hamburg und Bremen ist Boston eine Hafenstadt. Der weltweite Niedergang der Schiffahrt hat es schwer getroffen. Boston hat aus

der Not eine Tugend gemacht und das heruntergekommene Viertel um den Faneuil Hall Marketplace in einen Mikrokosmos aus Boutiquen, Restaurants und Cafés verwandelt, der bei den Einheimischen sofort einschlug. Natürlich ist das 20. Jahrhundert auch sonst nicht an Boston vorübergegangen: Das Stadtbild wird beherrscht von Wolkenkratzern; von den beiden höchsten – dem John Hancock Tower (240 Meter) und dem Prudential Tower (225 Meter) – hat man einen großartigen Ausblick.

Im Zentrum der Stadt liegt der Boston Common, der älteste öffentliche Park der Vereinigten Staaten. Westlich davon finden Sie die eleganten Einkaufsstraßen. Auch Kunst- und Musikfreunde kommen auf ihre Kosten: Das Museum of Fine Arts und das Boston Symphony Orchestra gehören zu den führenden Institutionen des Landes. Auf dem gegenüberliegenden Ufer des Charles River, in Cambridge, liegt Harvard, die älteste Universität des Landes, und das nicht minder berühmte Massachusetts Institute of Technology (MIT). Insgesamt beherbergt Greater Boston nicht weniger als fünfzig Hochschulen.

Der traditionelle Boston-Besuch beginnt mit dem sogenannten *Freedom Trail*. Es handelt sich um einen knapp dreistündigen Spaziergang, der Sie zu den wichtigsten Stätten aus der Epoche des Unabhängigkeitskrieges führt (s. Plan). Günstigster Ausgangspunkt ist der Boston Common, Endpunkt die Old North Church. Der Weg ist durch Schilder und eine rote Linie auf dem Trottoir gekennzeichnet. Die wichtigsten Punkte auf dem Freedom Trail (Faneuil Hall, King's Chapel, Old North Church, Old South Meeting House, Old State House, Paul Revere House) sind im folgenden näher beschrieben.

Sehenswertes

Beacon Hill   Der beacon (Leuchtturm), der dem Hügel einst seinen Namen gab, steht nicht mehr. Davon abgesehen, scheint hier die Zeit stehengeblieben zu sein: Das Patrizierviertel Beacon Hill hat sich in den letzten 150 Jahren kaum verändert. Das Kopfsteinpflaster und die Gasbeleuchtung tun das ihre, um den Eindruck einer Theaterkulisse noch zu verstärken. Die meisten Häuser sind im Federal Style oder im Stil des Greek Revival gehalten und stammen aus der ersten Hälfte des 19. Jahrhunderts; die schönsten Exemplare finden Sie in der Mount Vernon Street und auf dem Louisburg Square. Einige Häuser stehen auch für einen Besuch offen: das Nichols House (55 Mount Vernon Street) und das Harrison Gray Otis House (141 Cambridge Street). Das 1805 errichtete African Meeting House (8 Smith Court) ist die älteste noch existierende Kirche der Schwarzen in den USA; im Kampf für die Abschaffung der Sklaverei spielte sie eine nicht unbedeutende Rolle.

Chinatown   Verglichen mit seinen Gegenstücken in New York oder San Francisco, ist das Chinesenviertel in Boston winzig. Ein Bummel durch Beach, Tyler und Hudson Street mit ihrem exotischen Menschengewimmel, den unentzifferbaren Ladenschildern und den Telefonzellen mit Pagodendach versetzt

Sie dennoch in die Welt von Turandot und Kin Ping Meh. Höhepunkt des Jahres ist die pittoreske Parade zum chinesischen Neujahrsfest (jeweils am Tag des ersten Vollmondes nach dem 19. Januar).

Christian Science Center Christian Science ist eine 1875 von Mary Baker Eddy gegründete Gemeinschaft, die behauptet, das Geheimnis der Wunderheilungen Jesu entschlüsselt zu haben: Krankheiten seien nichts weiter als der Ausdruck mangelnden Glaubens. Die Methoden der Schulmedizin werden abgelehnt; statt dessen bieten die *practitioners* eine »mentale Heilung« an. Hauptquartier ist Boston. Ein Besuch der 1894 im romanischen Stil errichteten »Mutterkirche« und ihrer Anbauten – die neuesten stammen vom chinesisch-amerikanischen Architekten I. M. Pei – vermitteln einen guten Einblick in das blühende amerikanische Sektenwesen. Im Gebäude der Publishing Society wird die – auch von Nichtgläubigen geschätzte – Tageszeitung »The Christian Science Monitor« gedruckt; sehenswert ist dort auch ein begehbarer Globus.

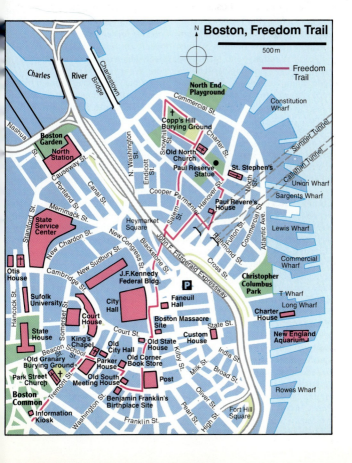

Ecke Huntington/Massachusetts Avenue
Tel. (617) 4 50-20 00 und 4 50-37 90
Führungen durch Mutterkirche, Publishing Society und Mapparium tgl. außer Weihnachten und Neujahr

Common Die Grünfläche ist nicht nur das Herz der Stadt, sondern auch der älteste öffentliche Park der USA: Seit 1634 tummelt sich hier das Volk. Daneben diente er weniger harmlosen Zwecken: Er war Exerzierplatz; hier stand der Pranger für Frevler gegen die Sonntagsruhe und der Galgen für die ketzerischen Quäker. Wie an der Hyde Park Corner in London genießt die öffentliche Rede auf dem Common Narrenfreiheit: Wundern Sie sich also nicht, Zeuge eines leidenschaftlichen Plädoyers gegen die Abtreibung zu werden, während gleich nebenan das nahe Weltende verkündet wird. Auf der Westseite schließt sich der Public Garden an, der älteste botanische Garten Nordamerikas. Auf dem künstlichen Teich verkehren im Sommer die populären Schwanenboote.

Copley Square An diesem Platz liegen drei der markantesten Bauwerke der Stadt: die Trinity Church, das Copley Plaza Hotel und der John Hancock Tower. Die Trinity Church (1877) ist das Meisterwerk des Architekten Henry Hobson Richardson; sie bildete den Anfang einer ganzen neo-romanischen Welle in Amerika. Das üppige Interieur (Wandmalereien, Glasfenster) stammt von John La Farge. Das 1912 eröffnete Copley Plaza Hotel gilt als »große alte Dame« der Bostoner Hotellerie: Es wurde von demselben Architekten entworfen – Henry J. Hardenbergh – wie das New York Plaza Hotel. Der von I.M. Pei entworfene John Hancock Tower schließlich, ein Glaspalast mit rautenförmigem Grundriß, ist Bostons höchstes Gebäude (240 m). Seinen Namen trägt er nach John Hancock, dem ersten Unterzeichner der Unabhängigkeitserklärung und ersten Gouverneur von Massachusetts. Vom Observatorium in der 60. Etage hat man einen atemberaubenden Ausblick; am schönsten ist er bei Sonnenuntergang.
Mo–Sa 9–23 Uhr, So 11–23 Uhr; Thanksgiving und Weihnachten geschl.

Faneuil Hall Wenn eines unter den Bostoner Häusern den Ehrennamen »Wiege der Freiheit« verdient, so ist es dieses: Hier trafen sich vor dem Unabhängigkeitskrieg die führenden Vertreter der Stadt, um darüber zu beratschlagen, wie man sich gegen die Übergriffe der Briten zur Wehr setzen könne. Seinen Namen hat das Gebäude nach einem Kaufmann namens Peter Faneuil, der es 1742 der Stadt schenkte. Wie zu Faneuils Zeiten dient das Erdgeschoß noch heute als Markthalle, während in der ersten Etage politische Gruppen Sitzungen abhalten. Das Gemälde im Sitzungssaal zeigt Senator Daniel Webster, einen der gefeierten Redner des 19. Jahrhunderts. Im Obergeschoß Waffenausstellung. Beachten Sie die Wetterfahne in Form einer Heuschrecke.
Dock Square
Tgl. 9–17 Uhr

Harvard Nur einen Katzensprung mit der U-Bahn ist es nach *Cambridge*. Die kurze Reise lohnt vor allem wegen Harvard, der ältesten (1636) und, wie viele meinen, immer noch besten Universität des Landes. Lassen Sie sich im Holyoke Center in der Massachusetts Avenue einen Plan geben, und schlendern Sie über den Harvard Yard, den ältesten Teil des Campus mit seinen roten Backsteingebäuden, der würdigen University Hall (1815) und der Widener Library, der größten Universitätsbibliothek der Welt. Werfen Sie auch einen Blick auf die Neubauten: das Science Center und das von Le Corbusier entworfene Carpenter Center for Visual Arts.

King's Chapel 1754 als Sitz der englischen Staatskirche errichtet, wurde die King's Chapel 1785 Mutterhaus der amerikanischen Unitarier – einer liberalen Denomination, die ein praktisches Christentum predigt, die christlichen Dogmen (z. B. Erbsünde, Höllenstrafe, Göttlichkeit Jesu) jedoch ablehnt. 1961 vereinigten sich die Unitarier mit den Universalisten zur Unitarian Universalist Association. Das Innere der Kirche ist ein typisches Beispiel für den einfachen und doch eleganten Kolonialstil.
Tremont/School Street
Di–Sa 10–16 Uhr; So Gottesdienst

Old North Church Unter den Bostoner Kirchen der Kolonialzeit ist sie nicht nur die älteste, sondern auch die schönste. Erbaut wurde sie 1723 in enger Anlehnung an Vorbilder von Sir Christopher Wren. Ihren festen Platz im Herzen der Amerikaner hat sie jedoch aus einem andern Grund: Am Abend des 18. April 1775 hängte der Küster zwei Laternen in den Kirchturm – das verabredete Signal dafür (»one if by land, two if by sea« nach dem berühmten Gedicht von Longfellow), daß sich englische Truppen nach Concord eingeschifft hatten, um dort ein amerikanisches Waffenlager auszuheben. Auf das Signal hin brachen der Silberschmied Paul Revere (s. u.) und andere nach Concord auf, um die Rebellen zu warnen. In Concord und im benachbarten Lexington kam es am folgenden Tag zu den ersten Gefechten zwischen Engländern und amerikanischen Freiwilligen, den *minutemen*: Es war der Beginn des Unabhängigkeitskriegs. In der Kirche wird das Namensschild der Revere-Familie gezeigt, außerdem Kopien der jedem amerikanischen Kind vertrauten Laternen.
Salem/Hull Street
Tgl. 9–17 Uhr

Old South Meeting House Neben Faneuil Hall war es der beliebteste Treffpunkt der Bostoner Bürger, die sich gegen die Übergriffe der britischen Krone – symbolisiert durch den verhaßten Teezoll – zur Wehr setzten. Am 16. Dezember 1773 fand hier eine Massenversammlung von 8000 Menschen statt. Ihr wurde mitgeteilt, daß sich der britische Gouverneur geweigert hatte, drei Schiffe der East India Company, die Tee geladen hatten, nach England zurückzuschicken. Daraufhin verkleideten sich neunzig beherzte Sitzungsteilnehmer als Indianer, schlichen sich auf die Schiffe und warfen den Tee – 342 Kisten – ins Wasser. Diese sogenannte »Boston Tea Party« gilt als wichtigstes Vorspiel zum Unabhängigkeitskrieg. Heute ist das Old South Meeting House ein Museum der amerikanischen Revolution.
Washington/Milk Street
Tgl. 9.30–16 Uhr, im Sommer 9.30–17 Uhr

Old State House Zwischen den Wolkenkratzern nimmt es sich heute fast putzig aus. Im 18. Jahrhundert gehörte das 1713 errichtete Old State House zu den eindrucksvollsten Bauwerken der Stadt. Hier amtierte die Kolonialregierung. 1761 protestierte hier der Anwalt James Otis gegen britische Durchsuchungsbefehle; sein leidenschaftliches Plädoyer, in dem der berühmte Satz fiel »Taxation without representation is tyranny«, gilt als erster Schritt zum Abfall der 13 Kolonien von der britischen Krone. Das »Boston Massacre« im März 1770, bei dem fünf Demonstranten erschossen wurden, fand unter den Fenstern des Old State House statt (Gedenkstein im Stra-

ßenpflaster). Nach der Unabhängigkeit diente es als vorläufiger Sitz der Regierung von Massachusetts. Heute ist es ein historisches Museum.
Washington/State Street
Tgl. 10–16 Uhr, im Sommer 9.30–17 Uhr

Paul Revere House Das einzige in Boston noch erhaltene Wohnhaus aus dem 17. Jahrhundert. Als der Silberschmied Paul Revere es 1770 kaufte, war es bereits 90 Jahre alt. Von hier aus brach er zu seinem nächtlichen Ritt nach Concord auf, um seine Landsleute vor den herannahenden britischen Truppen zu warnen. Dieser Ritt ist fester Bestandteil des amerikanischen Sagenschatzes. Am 19. April jeden Jahres, dem Patriot's Day, wird er – zusammen mit den beiden Gefechten bei Concord und Lexington – gefeiert. Am zeitlich nächstgelegenen Montag findet in Boston ein Marathonlauf statt.
19 North Street
Tgl. 9.30–16.15 Uhr, im Sommer 9.30–17.15 Uhr

Prudential Tower Das Prudential Center ist ein Komplex aus Geschäften, Büros und Wohnhäusern. Vom Prudential Center Skywalk im 50. Stock des 225 m hohen Prudential Tower hat man den einzigen vollständigen Rundblick auf die Stadt. Das Restaurant »Top of the Hub« genießt einen guten Ruf; im benachbarten »Hub Cap« wird abends getanzt.
800 Boylston Street
Mo–Sa 10–21.45, So 12–21.45 Uhr

State House Seine goldene Kuppel ist von vielen Teilen der Stadt aus zu sehen. Es wurde 1798 von Charles Bulfinch entworfen, dem ersten Berufsarchitekten Amerikas. Seitdem wurde es stark erweitert. Im State House residiert der Gouverneur des Bundesstaates Massachusetts; auch die beiden Kammern ta-

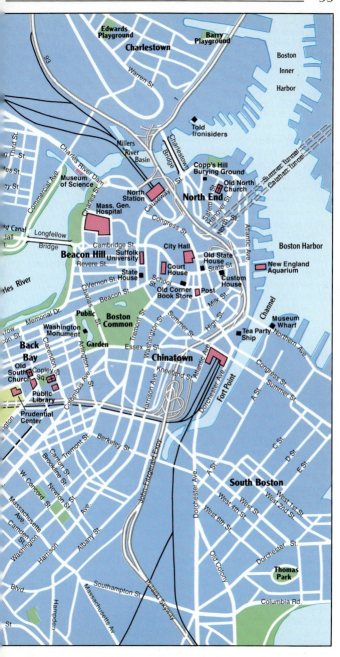

gen hier. Gemälde, Statuen und Flaggen erinnern an die heroische Zeit des Freiheitskampfes. Beachten Sie im Repräsentantenhaus den »Sacred Cod«, einen hölzernen Kabeljau, Symbol für einen der wichtigsten Wirtschaftszweige der Region.
Beacon/Park Street
Mo–Fr 10–16 Uhr

Tea Party Ship Die originalen Schiffe der East India Company, auf denen am 16. Dezember 1773 die »Boston Tea Party« stattfand, existieren nicht mehr. Die Brigg »Beaver II«, die unterhalb der Congress Street Bridge ankert, ist eine Kopie. Führer in historischen Kostümen ermutigen Sie, Ihre revolutionäre Gesinnung unter Beweis zu stellen, indem Sie eine Teekiste ins Wasser werfen. (Keine Sorge: Sie wird wieder herausgefischt.)
Congress Street Bridge (im Sommer kostenloser Transport vom Old State House und zurück
Tgl. von 9 Uhr bis Sonnenuntergang

Treffpunkte

Wer die Bostoner bei ihrem Treiben beobachten und mit ihnen ins Gespräch kommen will, findet die beste Gelegenheit dazu im *Faneuil Hall Marketplace* östlich der historischen Faneuil Hall. Dieser aus drei Teilen (North, Quincy und South Market) bestehende Gebäudekomplex, ein bemerkenswertes Beispiel geglückter Altstadt-Sanierung, ist ein, stets überfülltes Konglomerat aus Gemüseständen, Boutiquen, Schnellimbissen, Pubs und Restaurants. Ein Malzbier oder eine koschere »Frankfurter« in der Hand, können Sie hier gemütlich den Gauklern und Straßenmusikanten zusehen. Wer dagegen die intelligente Konversation sucht, sollte einen Abstecher nach Cambridge machen: Auf dem Campus der *Harvard University* oder in den Bars der Umgebung findet er bestimmt, was er sucht.

Museen

Arthur M. Sackler Museum Das von James Stirling erbaute Gebäude beherbergt schöne Sammlungen antiker und asiatischer Kunst; hervorzuheben ist besonders die chinesische Kollektion.
485 Broadway/Ecke Quincy Street, Cambridge
Di–Sa 10–17 Uhr, So 13–17 Uhr

Fogg Art Museum Schräg gegenüber des Sackler Museums steht dieses Haus der Kunst, das den Kunststudenten von Harvard als Lehrmuseum dient. Es beherbergt auch Kunstgewerbe (Silber).
32 Quincy Street, Cambridge
Di–Sa 10–17 Uhr, So 13–17 Uhr

Harvard University Museum Das dritte Museum auf dem Campus vereinigt vier naturkundliche Sammlungen unter einem Dach, darunter, im Botanical Museum, die riesige, von den deutschen Glasbläsern Leopold und Rudolf Blaschka geschaffene Kollektion naturgetreuer Glasblumen.
24 Oxford Street, Cambridge
Mo–Sa 9–16.30 Uhr, So 13–16.30 Uhr

Isabella Stewart Gardner Museum Diesen venezianischen Palazzo ließ sich 1899 Isabella Stewart Gardner bauen, um darin ihre Kunstsammlung unterzubringen. Beraten von dem bekannten, wenn auch umstrittenen Kunsthistoriker Bernard Berenson, hatte sie eine hochkarätige Kollektion italienischer (Fra Angelico, Botticelli, Raffael, Giovanni Bellini, Tizian), flämischer (Rubens, van Dyck) und holländischer Gemälde (Rembrandt, Vermeer) zusammengetragen, daneben aber auch die Gegenwart nicht vernachlässigt: Das populärste Bild des Hauses ist eine monumentale Tanzszene von John Singer Sargent (»El Jaleo«). Ein nicht minder populäres Bild – Vermeers »Konzert« –

wurde im März 1990 mit zehn weiteren gestohlen und ist bisher nicht wieder aufgetaucht. Fast noch eindrucksvoller als die Sammlung ist der blumen- und skulpturengeschmückte Innenhof – eine Renaissance-Oase in der neuen Welt. Im Gobelin-Saal finden dreimal in der Woche Konzerte statt.
Programme und Termine:
Tel. 5 66-14 01
280 The Fenway
Di–So 12–17 Uhr, an Feiertagen geschl.

John Fitzgerald Kennedy Library
Noch ein Bau des chinesisch-amerikanischen Architekten I. M. Pei: Effektvoll auf einem Hügel oberhalb des Hafens gelegen, ist er Museum, Archiv und Gedenkstätte zugleich. Mittelpunkt des Museums ist ein Ausstellungsraum, der dem Oval Room im Weißen Haus nachgebildet ist. Anhand von Dokumenten, Fotos und Filmen werden die Höhepunkte von Kennedys kurzer Präsidentschaft – Kuba-Krise, Berlin-Besuch, Bürgerrechtsgesetzgebung – noch einmal lebendig. Auch sein Schreibtisch und der Schaukelstuhl, den er wegen seines Rückenleidens bevorzugte, fehlen nicht. (Das Haus im Vorort Brookline – 83 Beals Street –, wo J. F. K. seine Jugend verbrachte, kann ebenfalls besichtigt werden.)
Columbia Point/Dorchester Bay, zu erreichen über Highway 93 (South), Ausfahrt 15
Tgl. 9–17 Uhr

Museum of Fine Arts Eines der vier oder fünf bedeutendsten Museen des Landes, berühmt vor allem für seine ägyptische und asiatische Sammlung. Auch die Entwicklung der amerikanischen Malerei kann hier anhand charakteristischer Werke von Fritz Hugh Lane, Winslow Homer, Albert Ryder, John Singer Sargent und Mary Cassatt bis in die Gegenwart hinein verfolgt werden. In der europäischen Abteilung erfreuen sich van der Weydens »Heiliger Lukas, die Muttergottes zeichnend« und Gauguins monumentales Gemälde »Woher kommen wir? Wer sind wir? Wohin gehen wir?« besonderer Beliebtheit. Beachtenswert schließlich das europäische und amerikanische Kunstgewerbe. Der Haupteingang befindet sich jetzt im 1981 angefügten, vom allgegenwärtigen I. M. Pei entworfenen Westflügel.
Huntington Avenue/The Fenway
Di–So 10–17 Uhr, Mi bis 22 Uhr; Mo und an Feiertagen geschl.

Museum of Science Unter den technischen Museen der Welt eines der modernsten. Viele Geräte laden den Besucher zum Spielen und Experimentieren ein. Kein Wunder, daß das Museum gerade bei Kindern großen Anklang findet. Lassen Sie sich auf keinen Fall das Raumschiff, das Modell eines menschlichen Gehirns und des größten Dinosauriers entgehen – nicht zu vergessen den künstlichen Blitz, der zweimal täglich gezündet wird. Gleich nebenan das Charles Hayden Planetarium mit seinen astronomischen Vorstellungen.
Science Park an der Charles River Dam Bridge
Di–So 9–17 Uhr, Fr 9–21 Uhr

Einkaufen

Die Innenstadt besitzt folgende vier *Einkaufsviertel*:
Downtown Crossing, eine Fußgängerzone um die Kreuzung Washington-Winter/Summer Street. Hier finden Sie die Kaufhäuser Filene's und Jordan Marsh.
Copley Place, ein Einkaufszentrum südlich des Copley Square mit Hotels, Restaurants, Kinos, dem Kaufhaus Neiman-Marcus und etwa 100 Boutiquen.
Newbury Street, die eleganteste Einkaufsstraße.

Privatsammlungen reiselustiger Bostonier bildeten 1876 den Grundstock für das Museum of Fine Arts

Faneuil Hall Marketplace Gemüsemarkt, Pubs, Restaurants und Boutiquen – nicht besonders fein, dafür aber um so populärer.

Antiquitäten:
Die meisten Läden finden Sie in der Charles Street.

Bücher:
Barnes & Noble
395 Washington Street
Harvard Bookstore Café Bietet, wie der Name sagt, nicht nur etwas für den willigen Geist, sondern auch für den schwachen Leib.
190 Newbury Street
Trident Booksellers Auch hier können Sie sich, wenn Sie das Angebot an philosophischer und okkulter Literatur zu überwältigen droht, mit einem kleinen Imbiß stärken. Sonntags häufig Dichterlesungen.
338 Newbury Street

Kaufhäuser:
Filene's Berühmt für sein basement (Untergeschoß), wo ständig Ausverkauf herrscht: Der oft mißbrauchte Slogan »Stark herabgesetzte Preise« ist hier wirklich berechtigt.
426 Washington Street
Jordan Marsh Das größte Geschäft in ganz Neuengland. Probieren Sie in der Konditorei die *blueberry muffins* (Blaubeer-Fladen).
Ecke Summer/Washington Street
Neiman-Marcus Ein Ableger des vornehmen Mutterhauses in Dallas.
Copley Place

Kleidung:
Brooks Brothers Die Spezialität des Hauses: Konservative Herrenbekleidung
46 Newbury Street
Custom Shop Shirtmakers Hier können Sie sich zu erstaunlich günstigem Preis Maßhemden anfertigen lassen.
Copley Place
Lord & Taylor Die Bostoner Filiale des bekannten New Yorker Kaufhauses
Prudential Center, Boylston Street
Saks Fifth Avenue Noch eine Filiale, deren New Yorker Mutterhaus Weltruf genießt.
Prudential Center, Boylston Street

Lederwaren:
Gucci Italienische Lederwaren der Spitzenklasse
Copley Place

Louis Vuitton Die neuenglische Zweigstelle des weltberühmten Pariser Geschäfts
Copley Place

Quilts:
Decor International Hier finden Sie auch jede Art von Teppichen und Stofftapeten.
171 Newbury Street

Schallplatten:
Tower Records Das größte Schallplattengeschäft Amerikas, täglich bis Mitternacht geöffnet.
360 Newbury Street

Schmuck:
Tiffany Frühstück gibt es hier nicht, aber sonst finden Sie sicher, was Sie suchen, übrigens in allen Preisklassen. Nicht billig, aber wundervoll ist das persönliche Briefpapier, das Sie sich bei Tiffany anfertigen lassen können.
Copley Place

Spielsachen:
F. A. O. Schwarz Ein Paradies für Kinder.
40 Newbury Street

Restaurants

Another Season Für Romantiker, die im Herzen von Beacon Hill französisch essen wollen.
97 Mount Vernon Street
Tel. 3 67-08 80
1. Kategorie

The Colony *New England cuisine* der Spitzenklasse.
384 Boylston Street
Tel. 5 23-11 26
1. Kategorie

Durgin-Park Populäres, stets überfülltes Restaurant auf dem Faneuil Hall Marketplace. Riesige Portionen, barsche Kellnerinnen. Anders als sonst in Amerika teilt man hier den Tisch mit Fremden – also ein guter Platz, um Einheimische kennenzulernen.
30 North Market Street
Tel. (6 17) 2 27-20 38
2. Kategorie

L'Espalier Vorzügliche *nouvelle cuisine* in der stilvollen Atmosphäre einer Villa des 19. Jahrhunderts.
30 Gloucester Street
Tel. (6 17) 2 62-30 23
Luxuskategorie

Hampshire House Traditionelle neuenglische Küche in einem viktorianischen Stadthaus mit Kamin und Klaviermusik.
84 Beacon Street
Tel. (6 17) 2 27-96 00
1. Kategorie

Jasper Dieses intime Art-deco-Restaurant im Hafen hat unter Bostons Feinschmeckern eine treue Gefolgschaft erobert.
240 Commercial Street
Tel. (6 17) 5 23-11 26
Luxuskategorie

Locke-Ober Das Bostoner Traditionsrestaurant mit Holztäfelung, Ledersesseln und weißbeschürzten Kellnern. 30 verschiedene Desserts.
3 Winter Place
Tel. (6 17) 5 42-13 40
Luxuskategorie

Maison Robert Französisches Nobel-Bistro in Downtown, besonders von Geschäftsleuten geschätzt. Zu ebener Erde (Ben's Café) geht es zwanglos zu; der erste Stock (Bonhomme Richard) ist vornehmer, aber auch teurer.
45 School Street
Tel. (6 17) 2 27-33 70
1. Kategorie

Le Marquis de Lafayette Die Nummer 1 unter den Bostoner Hotelrestaurants; französische Küche, wie man sie auch in Frankreich nicht besser findet.
Hotel Lafayette
1 Avenue de Lafayette
Tel. (6 17) 4 51-26 00
Luxuskategorie

Rebecca's Populäres Bistro auf dem Beacon Hill mit einer zwanglosen Atmosphäre, *new American cuisine.*
21 Charles Street
Tel. (6 17) 7 42-97 47
1. Kategorie

St. Cloud Französische Küche für späte Esser. Hier geht auch Seiji Ozawa nach dem Konzert gern hin. Unbedingt reservieren!
557 Tremont Street
Tel. (6 17) 3 53-02 02
1. Kategorie

Top of the Hub Von der 52. Etage des Prudential Tower haben Sie einen spektakulären Blick auf die Stadt. Spezialität: Fisch
899 Boylston Street
Tel. (6 17) 5 36-17 75
1. Kategorie

Union Oyster House Das älteste Restaurant der Stadt: Seit 1826 werden hier Austern und Fischgerichte serviert. Lassen Sie sich Kennedys Stammplatz zeigen.
41 Union Street
Tel. (6 17) 2 27-27 50
2. Kategorie

Hotels

Boston Harbor Jüngster Sprößling der Bostoner Hotellerie. Indoor-Swimmingpool.
70 Rowes Wharf
Tel. (6 17) 4 39-70 00
Luxuskategorie, 230 Zi.

Copley Plaza Die »Grand Old Lady« von Boston, vom selben Architekten entworfen wie das New York Plaza Hotel und wie dieses ein bißchen heruntergekommen. Stilvolles Restaurant.
138 St. James Avenue
Tel. (6 17) 2 67-53 00
1. Kategorie, 400 Zi.

Four Seasons Bostoner Statthalter einer Hotelkette, die durch unaufdringliche Eleganz und erstklassigen Service besticht.
200 Boylston Street
Tel. (6 17) 3 38-44 00
Luxuskategorie, 288 Zi.

Holiday Inn Teil eines Komplexes, der auch ein Kino und ein Parkhaus beherbergt. Zum Beacon Hill ist es von hier aus nur ein Katzensprung. Outdoor-Swimmingpool.
5 Blossom Street
Tel. (6 17) 7 42-76 30
2. Kategorie, 300 Zi.

Lafayette Gehört zur gutgeführten Swissôtel-Kette, im Herzen der Einkaufsgegend Downtown Crossing und der weniger bürgerlichen Combat Zone gelegen. Indoor-Swimmingpool. Hat das beste französische Restaurant Bostons (»Le Marquis de Lafayette«).
1 Avenue de Lafayette
Tel. (6 17) 4 51-26 00
1. Kategorie, 500 Zi.

Lenox Altes, geschmackvoll modernisiertes Hotel. Freunde der englischen Tradition können sich in den Eckzimmern sogar am eigenen Kamin wärmen.
710 Boylston Street
Tel. (6 17) 5 36-53 00
1. Kategorie, 220 Zi.

Midtown Modernes Hotel in nächster Umgebung der Museen und der Symphony Hall. Outdoor-Swimmingpool.
220 Huntington Avenue
Tel. (6 17) 2 62-10 00
2. Kategorie, 150 Zi.

Quality Inn 1925 gebautes und renoviertes Art-deco-Hotel. Das »Q« wird vor allem von Leuten geschätzt, die im Theaterdistrikt zu tun haben.
275 Tremont Street
Tel. (6 17) 4 26-14 00
2. Kategorie, 270 Zi.

Ritz-Carlton Seit über einem halben Jahrhundert das erste Haus am Platze, Inbegriff des großen Stils (Jeans sind im Restaurant tabu). Prinz Charles wohnte hier, als er an den Feierlichkeiten zum 350. Geburtstag der Harvard University teilnahm.
15 Arlington Street
Tel. (6 17) 5 36-57 00
Luxuskategorie, 200 Zi.

Boston

Sheraton Boston Wenn die andern Hotels ausgebucht sind, haben Sie hier in diesem Riesenkasten immer noch gute Chancen, eine Bleibe zu finden. Typisches Tagungshotel mit unpersönlichem Service. Die besten, aber auch teuersten Zimmer sind in den »Sheraton Towers« (26. bis 28. Etage). Hallenbad.
Prudential Center, 39 Dalton Street
Tel. (6 17) 2 36-20 00
1. Kategorie, 1250 Zi.

Am Abend

Boston Symphony Orchestra Eines der Spitzenorchester der Welt (Leiter: Seiji Ozawa); die Akustik der über hundertjährigen Symphony Hall hat in Amerika nicht ihresgleichen. Die Saison dauert von September bis April; im Sommer spielen die Symphoniker in Tanglewood.
Symphony Hall
Huntington/Massachusetts Avenue
Tel. (6 17) 2 66-14 92

Boston Pops Orchestra Im Mai und Juni zieht volkstümliche Musik in die Symphony Hall ein. Im Juli geben die »Pops« (Leiter: John Williams) Freiluftkonzerte auf der Esplanade.
Symphony Hall s. o.
Hatch Memorial Shell
Charles River Esplanade/Arlington Street

Bull & Finch Pub Bostons berühmtestes Pub (im Untergeschoß des Restaurants Hampshire House), Schauplatz der Fernsehserie »Cheers«.
84 Beacon Street
Tel. (6 17) 2 27-96 05

Channel Club Größter Rock-Schuppen der Stadt (Kapazität: 1500 Personen). Die Bands wechseln.
24 Necco Street
Tel. (6 17) 4 51-19 05

The City (vormals: Metro) New-Wave-Disco mit Video und Lasereffekten.
15 Lansdowne Street
Tel. (6 17) 2 62-24 24

Combat Zone Die Freunde unverhüllter Fleischeslust finden hier Peep-Shows, Massagesalons, *adult book-stores* und jene Damen, die durch langsames Auf- und Abgehen schneller vorwärtskommen.
Washington/Boylston Street

Harvest Unter den Kneipen der Harvardianer die attraktivste.
44 Brattle Street, Cambridge
Tel. (6 17) 4 92-11 15

Hub Cap Lounge Wer nicht im benachbarten Restaurant Top of the Hub essen will, kann sich in der 52. Etage des Prudential Tower auch mit einem Drink begnügen und den Blick über die Stadt genießen. Ab 21 Uhr Tanz.
800 Boylston Street
Tel. (6 17) 5 36-17 75

Night Stage Der beste Jazz- und Blues-Club in Cambridge.
823 Main Street, Cambridge
Tel. (6 17) 4 97-82 00

Plaza Bar Wer seinen Pimm's Nr. 1 gern unter Palmen und Ventilatoren an der Decke, kurz: in der gepflegten Atmosphäre eines Tropenhotels einnimmt, ist hier richtig.
Copley Plaza Hotel
Copley Square
Tel. (6 17) 2 62-53 00

Regattabar Wenn Bostons *beautiful people* guten Jazz hören wollen, kommen sie hierher.
Charles Hotel
1 Bennett Street, Cambridge
Tel. (6 17) 8 64-12 00

Theater Erkundigen Sie sich beim Hotelportier, was im Shubert Theater (265 Tremont Street), im Wilbur Theater (246 Tremont Street) und im Colonial Theater (106 Boylston Street) läuft.

Service

Auskunft

Greater Boston Convention and Visitors Bureau
Prudential Plaza West
Tel. (6 17) 5 36-41 00
Visitor Information Center
Boston Common/Tremont Street

Deutsche Zeitungen
Shopping Mall
Copley Place
Kiosk
Harvard Square, Cambridge
Geldumtausch
Deak International
160 Franklin Street
800 Boylston Street
Auch Euroschecks ($ 10 pro Scheck)
Hafenrundfahrten
Boston Harbor Cruises
66 Long Wharf
Tel. (6 17) 2 27-43 20
Konsulate
Generalkonsulat der Bundesrepublik Deutschland
3 Copley Place, Suite 500
Tel. (6 17) 5 36-44 14
Österreichisches Honorarkonsulat
211 Congress Street
Tel. (6 17) 4 26-93 00
Schweizer Honorarkonsulat
535 Boylston Street
Tel. (6 17) 2 66-20 38
Öffentliche Verkehrsmittel
Massachusetts Bay Transportation Authority (MBTA)

U-Bahn-Plan können Sie am Informationsstand Park Street Station erhalten.
Stadtrundfahrten
Gray Line
275 Tremont Street
Tel. (6 17) 4 26-88 05

Ziele in der Umgebung

Lexington Für die Amerikaner ist Lexington – ebenso wie das benachbarte Concord – ein Wallfahrtsort: Hier fand am 19. April 1775 das erste Scharmützel zwischen 400 britischen Soldaten und der amerikanischen Bauernmiliz – 100 *minutemen* – statt, bei dem acht Amerikaner das Leben verloren; es waren die ersten Toten des Unabhängigkeitskrieges. Das Schlachtfeld (Lexington Green) ist heute Teil des *Minuteman National Historical Park,* der sich längs der Straße Nr. 2A bis nach Concord erstreckt. Zu besichtigen ist auch die *Buckman Tavern* (1 Bedford Street, April–Okt. 10–17 Uhr, So 13–17 Uhr), in der die Amerikaner ihre Verwundeten pflegten.

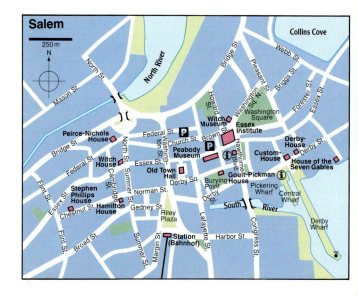

Salem Die Stadt, eine der ältesten des Landes, ist heute vor allem wegen ihrer Hexenprozesse bekannt, bei denen zwischen Juni 1692 und Januar 1693 achtzehn Menschen gehenkt wurden. Ein neunzehnter, der achtzigjährige Giles Corey, der sich weigerte, ein Geständnis abzulegen, wurde durch Feldsteine erdrückt; sein Todeskampf dauerte zwei Tage.

Im *Witch Museum* wird die Zeit des Hexenwahns in einer ziemlich marktschreierischen audiovisuellen Schau heraufbeschworen. Auch das *Haus eines der Richter* kann besichtigt werden (310 1/2 Essex Street, März–Nov. 10–17 Uhr, Juli und Aug. 10–18 Uhr). Vergessen Sie über den Hexen nicht das *Peabody Museum* mit seiner vorzüglichen maritimen und ethnologischen Sammlung (161 Essex Street, Mo–Sa 10–17 Uhr, So 12–17 Uhr) und das gegenüberliegende *Essex Institute*, in dem mehrere historische Häuser eine Bleibe gefunden haben (132 Essex Street, Mo–Sa 9–17 Uhr, So 13–17 Uhr). Das Haus der sieben Giebel, *House of the Seven Gables*, (54 Turner Street) diente Nathaniel Hawthorne als Schauplatz seines gleichnamigen Romans; sein Geburtshaus liegt auf demselben Grundstück (tgl. 10–16.30 Uhr, im Sommer 10–17.30 Uhr).

Long Island

Die mit Manhattan durch Brücken und Tunnel verbundene, gut 180 Kilometer lange Insel ist für die New Yorker, was der Wannsee für die Berliner ist – hauptsächlich Badegelegenheit. Daß zwei der fünf New Yorker Stadtbezirke – Brooklyn und Queens – ebenfalls auf Long Island liegen, wird dabei großzügig übersehen. Die beliebtesten Strände befinden sich im Süden. New York am nächsten ist Jones Beach, etwas weiter der Robert Moses State Park auf Fire Island (einer vorgelagerten Nehrung). Noch weiter östlich liegen die mondänen »Hamptons« mit ihren Hauptorten Southampton und East Hampton. Die Verehrer von Max Frisch werden es sich nicht nehmen lassen, bis zur Spitze der Insel nach Montauk vorzustoßen. Einige der Strände auf Fire Island (Cherry Grove, Fire Island Pines) werden überwiegend von Homosexuellen aufgesucht; sie sind nur mit einer Fähre zugänglich.

Aber auch an der Nordküste gibt es schöne Strände, z. B. den Sunken Meadow State Park. Ihren Spitznamen »Gold Coast« trägt die Nordküste freilich nicht wegen der Farbe des Sandes, sondern wegen der reichen Leute, die sich hier um die Jahrhundertwende stattliche Sommersitze bauten. Es ist kein Zufall, daß Scott Fitzgerald seinen »großen Gatsby« auf Long Island ansiedelt: Seine imaginären Schauplätze »West Egg« und »East Egg« sind nach Ansicht von Kennern identisch mit den beiden Schlössern in Sands Point. Die meisten dieser Landsitze sind immer noch in privater Hand; andere wurden bis zur Unkenntlichkeit umgebaut oder gar zerstört. Einige dagegen können besichtigt werden: Außer Sands Point beschreiben wir nachfolgend Old Westbury Gardens, Planting Fields, das Vanderbilt Museum und Sagamore Hill, das Landhaus »Teddy«

Roosevelts. Wenn Sie Glück haben, können Sie miterleben, wie gerade ein Film gedreht wird: Wenn Hollywood märchenhaften Wohlstand darstellen will, greift es gern auf die *mansions* an der Goldküste zurück.

Abgesehen vom Vanderbilt Museum, gibt es noch eine zweite bemerkenswerte Sammlung auf Long Island – die köstliche Wagenkollektion in Stony Brook. Andere Museen erinnern an die große Zeit, als Long Island eines der Zentren des Walfangs war. In Old Bethpage Village schließlich wurde ein ganzes Dorf aus der Zeit vor dem Bürgerkrieg konserviert.

Long Island besitzt ein dichtes Straßennetz. Mehrere Highways – das amerikanische Gegenstück zu unseren Autobahnen – durchziehen die Insel von Ost nach West. Dennoch herrschen an Sommerwochenenden auf den Straßen chaotische Zustände: Am Freitag und Samstag strömen Hunderttausende von New Yorkern an die Strände; am Samstag- und Sonntagabend strömen sie wieder zurück. Wenn Sie keinen Wert darauf legen, am eigenen Leibe zu erfahren, daß amerikanische Straßen der Autobahn München–Salzburg nicht nachstehen, sollten Sie daher Long Island am Wochenende meiden oder sich zumindest in Ihrem Zeitplan antizyklisch verhalten.

Treffpunkte

Kaum irgendwo sonst können Sie Amerikaner so zwanglos kennenlernen wie an den Stränden von Long Island. An Sommerwochenenden wimmelt es auf der Jones Beach von sonnenhungrigen New Yorkern jeden Alters, jeder Rasse und Klasse. Wen es weiter weg zu den »Hamptons« zieht, sollte seine Sandburgen auf der Main Beach in East Hampton oder der Atlantic Avenue Beach in Amagansett bauen und seine Strandnachbarn zur Besichtigung einladen.

Einkaufen

Niemand fährt nach Long Island zum *Shopping* – dafür ist New York mit seinen unbegrenzten Einkaufsmöglichkeiten einfach zu nahe. Wenn Sie jedoch unbedingt ein Andenken aus Long Island mitbringen wollen, sehen Sie sich auf der Main Street in Southampton und East Hampton um – dort werden Sie sicher rasch fündig.

Restaurants

Einige der folgenden Restaurants bieten auch Unterkünfte an.

Country House Französisch-amerikanische Küche, am Wochenende mit Klavierbegleitung.
Main Street/Ecke Route 25 A, Stony Brook
Tel. (5 16) 7 51-33 32
1. Kategorie

George Washington Manor Wer nach einem Besuch der Schlösser an der »Goldküste« nicht sofort in die kleinbürgerliche Gegenwart zurückkehren will, wird sich an den Kaminen dieses Landhauses aus der Kolonialzeit wohl fühlen.
1305 Old Northern Boulevard, Roslyn
Tel. (5 16) 6 21-12 00
1. Kategorie

Gosman's Dock Hier gibt es den frischesten Hummer von Long Island. Häufig Warteschlangen.
West Lake Drive, Montauk
Tel. (5 16) 6 68-53 30
1. Kategorie

Long Island 45

Hedges Inn – The Palm Ableger des bekannten New Yorker Steak-Restaurants »Palm«. 11 Zimmer.
74 James Lane, East Hampton
Tel. (5 16) 3 24-71 00
1. Kategorie

Mirabelle Das führende französische Restaurant auf der Nordseite der Halbinsel. Eindrucksvolle Weinkarte.
404 North County Road, St. James
Tel. (5 16) 5 84-59 99

La Pace Vorzügliche kontinentale Küche. Reservieren Sie am besten vorher, und vergessen Sie Ihr Jackett nicht!
51 Cedar Swamp Road, Glen Cove
Tel. (5 16) 6 71-29 70

Riverview Wer seine Rückreise von den »Hamptons« nach New York auf halbem Wege unterbrechen will, findet kaum einen geeigneteren Ort als das »Teehaus« des Commodore Vanderbilt im Hafen von Oakdale.
Consuelo Place, Oakdale
Tel. (5 16) 5 89-26 94
1. Kategorie

1770 House Dieses charmante Schindelhaus, das sein Baujahr im Namen trägt, kann sich nicht nur sieben stilvoll möblierter Zimmer rühmen, sondern auch einer der gediegensten Küchen auf Long Island.
143 Main Street, East Hampton
Tel. (5 16) 3 24-17 70
1. Kategorie

The Station at Watermill Bahnhofsrestaurants werden von Gourmets im allgemeinen gemieden. Dieses hier ist so gut, daß die Besucherströme aus dem benachbarten Southampton nicht abreißen.
Station Road, Watermill
Tel. (5 16) 7 26-68 11
1. Kategorie

Steve's Pier Hier, mit Blick auf den Long Island Sound, bekommen Sie den besten Hummer in der Umgebung von Oyster Bay.
33 Bayville Avenue, Bayville
Tel. (5 16) 6 28-21 53
1. Kategorie

Westbury Manor Elegantes Landhaus in gepflegtem Park: Ein Lunch hier bietet sich nach einem Besuch von Old Westbury Gardens als stilvolle Abrundung beinahe von selbst an.
Jericho Turnpike, Westbury (Landstraße Nr. 25, etwas östlich von der Glen Cove Road)
Tel. (5 16) 3 33 –71 17
1. Kategorie

Hotels

Die hübschesten Hotels auf Long Island sind *inns* aus dem 18. und 19., manchmal sogar aus dem 17. Jh. Sie haben nur wenige Zimmer und sind daher im Sommer – vor allem an den Wochenenden – meist ausgebucht. Also rechtzeitig reservieren! Außerhalb der Saison können Sie auf Long Island zu stark herabgesetzten Preisen übernachten.

American Hotel Die Atmosphäre eines viktorianischen Provinzhotels wurde hier erfolgreich rekonstruiert.
Main Street, Sag Harbor
Tel. (5 16) 7 25-35 35
3. Kategorie, 8 Zi.

Bassett House Ein mit Antiquitäten möbliertes Haus aus dem frühen 18. Jh. Das Bad müssen einige Bewohner allerdings mit ihrem Nachbarn teilen.
128 Montauk Highway, East Hampton
Tel. (5 16) 3 24-61 27
3. Kategorie, 12 Zi.

Guerney's Inn Hier erlebte Max Frisch seine in der Erzählung »Montauk« beschriebene Liebesgeschichte: ein Erholungszentrum mit Sauna, Pool, römischen Bädern und allen sonstigen Schikanen. Bestehen Sie auf einem Zimmer mit Ozeanblick.
Old Montauk Highway, Montauk
Tel. (5 16) 6 68-23 45, 6 68-32 03
Luxuskategorie, 125 Zi.

Holiday Inn Wenn die kleinen Landgasthöfe voll sind und Sie zu müde, um nach New York zurückzufahren, finden Sie hier immer noch eine anständige Bleibe.

3845 Veterans Memorial Highway, Ronkonkoma (Ausfahrt 57 vom Long Island Expressway, 4 Meilen in südöstlicher Richtung)
Tel. (5 16) 5 85-95 00
3. Kategorie, 290 Zi.

Huntting Inn Der von alten Bäumen umstandene Gasthof liegt im Herzen der pittoresken Einkaufsstraße.
94 Main Street, East Hampton
Tel. (5 16) 3 24-04 10
2. Kategorie, 26 Zi.

Maidstone Arms Ein weiterer alter Gasthof mit vorzüglicher, abwechslungsreicher Küche.
207 Main Street, East Hampton
Tel. (5 16) 3 24-20 04
1. Kategorie, 17 Zi.

Montauk Yacht Club and Inn Luxushotel mit 3 Swimmingpools, Sauna, Tennisplatz und eigenem Jachthafen.
Star Island Road, Montauk
Tel. (5 16) 6 68-31 00
Luxuskategorie, 107 Zi.

Old Post House Inn Die nobelste Adresse in Southampton, gebaut im 17. und 18. Jh. Wenn Sie hier – was wahrscheinlich ist – kein Zimmer bekommen, sollten Sie unbedingt im Restaurant speisen.
136 Main Street, Southampton
Tel. (5 16) 2 83-17 17
2. Kategorie, 7 Zi.

Sheraton Noch eine Ausweichadresse für Leute, die in den »Hamptons« keine Unterkunft gefunden haben.
110 Vanderbilt Motor Parkway, Smithtown (Ausfahrt 54 vom Long Island Expressway in nördlicher Richtung)
Tel. (5 16) 2 31-11 00
2. Kategorie, 212 Zi.

Southampton Inn Das moderne Hotel verfügt über einen Swimmingpool und mehrere Tennisplätze.
91 Hill Street, Southampton
Tel. (5 16) 2 83-65 00
1. Kategorie, 90 Zi.

Three Village Inn Dieses entzückende Schindelhaus am Hafen wurde 1751 für einen Reeder gebaut. Noch heute servieren die Kellnerinnen im Kostüm des 18. Jahrhunderts. Die meisten Zimmer befinden sich freilich nebenan in modernen Bungalows.
150 Main Street, Stony Brook
Tel. (5 16) 7 51-05 55
3. Kategorie, 32 Zi.

Village Latch Inn Ensemble aus mehreren originell eingerichteten alten Häusern; mit Pool und Tennisplatz.
101 Hill Street, Southampton
Tel. (5 16) 2 83-21 60
2. Kategorie, 72 Zi.

Am Abend

Das Nachtleben von Long Island, soweit es überhaupt nennenswert ist, konzentriert sich im wesentlichen auf die »Hamptons«. Ein eigenes Kapitel ist das *gay life* auf Fire Island, das wir hier einmal beiseite lassen.
Da die Clubs wie die Sternschnuppen auftauchen und wieder verschwinden, erkundigen Sie sich am besten in Ihrem Hotel, welche Adressen gerade »in« sind. Auch die überall kostenlos ausliegenden Lokalzeitungen geben den neuesten Stand an der Musikfront wieder.
Die größte Diskothek auf Long Island ist die *Canoe Place Inn* in Hampton Bays (Montauk Highway, Tel. 7 28-41 21). Auch der *Coconut Club* in Southampton (Tuckahoe Lane, Tel. 2 83-88 01) erfreut sich zur Zeit starken Zulaufs.

Service
Auskunft
Fremdenverkehrsbüros:
Long Island Tourism and Convention Commission
Nassau Coliseum Uniondale, N. Y. 11553
Tel. (5 16) 7 94-42 22
Southampton Chamber of Commerce
76 Main Street, Southampton, N. Y. 11968

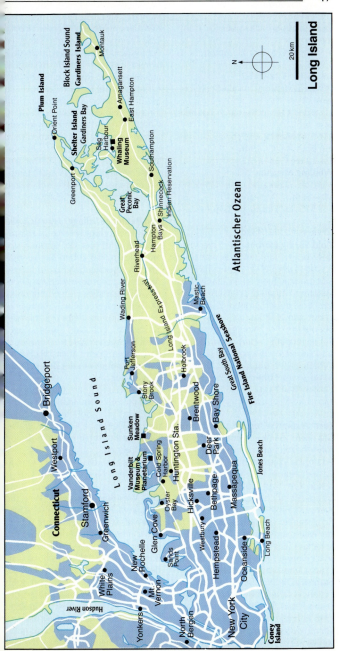

Long Island

Tel. (5 16) 2 83-04 02
East Hampton Chamber of Commerce
4 Main Street, East Hampton, N. Y. 11937
Tel. (5 16) 3 24-03 62
Whale-watching (Wale-Beobachten)
Okeanos Ocean Research Foundation
216 East Montauk Highway, Hampton Bays, N. Y. 11946
Tel. (5 16) 7 28-45 22
Whaling Museum
Main St., Montauk
Mai–Sept., Mo–Sa 10–17, So 13–17 Uhr. Eintritt $ 12.50

Ziele auf Long Island

Cold Spring Harbor Um die Mitte des vorigen Jahrhunderts war Cold Spring Harbor einer der wichtigsten Stützpunkte für den Walfang. Das Whaling Museum zeigt Erinnerungen aus dieser großen Zeit, allen voran ein vollausgerüstetes Boot, außerdem Navigationsgeräte, Schiffsmodelle, Harpunen, Stiche und Schnitzereien aus Walzähnen.
Whaling Museum
Main Street (Straße Nr. 25 A)
Di–So 10–17 Uhr, im Sommer auch Mo

East Hampton und Southampton
Mit dem Sammelnamen »Hamptons« bezeichnet man die Badeorte zwischen Westhampton Beach und East Hampton. Größter und elegantester Ort ist Southampton: Die Wahrscheinlichkeit, daß Sie hier einem bekannten Schauspieler oder Schriftsteller begegnen, ist groß. In der Main Street finden Sie nicht nur schicke Läden aller Art, sondern auch Halsey Homestead, das älteste (1648) Haus im Staate New York (im Sommer Di–Do 11–16.30 Uhr). Am ersten Wochenende im September (Labor Day) feiern die Indianer aus dem nahgelegenen Shinnecock-Reservat in Southampton ihr traditionelles Tanzfest (»Pow-Wow«). Das kleinere East Hampton hat stets Künstler angezogen: Auf dem Cedar Lawn Cemetary (Cooper Lane) ist der führende amerikanische Impressionist Childe Hassam begraben, auf dem Green River Cemetary (Accabonac Road) Jackson Pollock. Die Main Street von East Hampton mit ihren anheimelnden alten Häusern, Geschäften und Restaurants könnte einem Bilderbuch entnommen sein. Unter den Stränden der »Hamptons« sind bei den New Yorker Singles die Main Beach in East Hampton und die Atlantic Avenue Beach in Amagansett am beliebtesten.

Old Bethpage Village Ähnlich wie in Old Sturbridge Village in Massachusetts wird hier der Versuch unternommen, das Leben der Vergangenheit anschaulich zu machen. Auf eine alte Farm wurden aus anderen Dörfern der Umgebung zwei Dutzend historische Bauwerke transportiert, in denen Schmiede, Schneider, Schuster ihrem Tagewerk nachgehen, wie sie es vor hundert Jahren taten. Auch die Führer tragen Kostüme aus der Zeit vor dem Bürgerkrieg.
Round Swamp Road, Old Bethpage (Ausfahrt 48 vom Long Island Expressway in südlicher Richtung, nach 0,5 km gabelt sich die Straße, die linke Fortsetzung ist die Round Swamp Road)
März bis Nov. Di–So 10–17 Uhr, in den übrigen Monaten bis 16 Uhr

Old Westbury Gardens Wer die efeubewachsene georgianische Fassade von weitem sieht, ahnt schon, daß ein besonderes Erlebnis auf ihn wartet: Unter den Landsitzen auf Long Island ist Old Westbury Gardens wohl der kultivierteste. Gebaut wurde das Haus 1906 von John Phipps, dessen Vater Partner des Stahlmagnaten Andrew Carnegie war. Trotz seines vergleichsweise jugendlichen Alters wirkt es alles andere als neureich, wozu die Ge-

mälde von Gainsborough, Reynolds und Constable und die Möbel von Chippendale gewiß beitragen. Sehr gepflegt auch der Garten.
71 Old Westbury Road, Old Westbury (Ausfahrt 39 vom Long Island Expressway in südlicher Richtung, nach einem knappen Kilometer links ab in die Willets Road, an deren Ende wieder nach links)
Ende April bis Okt. Mi–So 10–17 Uhr

Oyster Bay Das kleine Hafenstädtchen ist aus zwei Gründen besuchenswert: Zum einen baute sich Theodore Roosevelt 1894 hier seinen Landsitz Sagamoor Hill; während seiner Präsidentschaft (1901–09) diente es als »Summer White House«. Die schweren Möbel und dunklen Töne sind typisch für einen Wohnstil, den man in Deutschland »wilhelminisch« nennt. Im benachbarten Anwesen Old Orchard, das Roosevelts Sohn gehörte, können Sie sich eine Ausstellung über die Geschichte der Familie ansehen und die Rolle, die sie in der amerikanischen Politik spielte. Der zweite Grund für einen Besuch von Oyster Bay ist Planting Fields, ein Landsitz, der vor allem wegen seiner Bäume und Gewächshäuser bei Naturfreunden in hohem Ansehen steht. Der frühere Eigentümer William Coe hatte sein Vermögen im Versicherungsgeschäft gemacht. Das 1921 fertig gewordene Herrenhaus ist im elisabethanischen Stil gehalten; einige Fenster stammen aus dem Schloß Hever in Kent, wo Anne Boleyn – die unglückliche Gattin Heinrichs VIII. und Mutter Königin Elisabeths – ihre Jugend verbrachte.
Sagamore Hill: Ausfahrt 41 vom Long Island Expressway in nördlicher Richtung (Landstraße Nr. 106), in Oyster Bay rechts ab auf die East Main Street (später Oyster Bay Cove Road), von dieser links (nördlich) ab in die Cove Neck Road

Long Island 49

Tgl. Juni bis August 9.30–18 Uhr, sonst 9.30–17 Uhr
Planting Fields: gleiche Ausfahrt, in Oyster Bay links ab auf West Main Street/Mill Hill Road, von dieser links (südlich) ab in die Planting Fields Road
Tgl. 10–17 Uhr

Sag Harbor Um 1850 herum war Sag Harbor der viertgrößte Walfanghafen der Welt. Etwas vom Charme dieser versunkenen Zeit hat sich bis heute erhalten. Im Whaling Museum, einem schönen klassizistischen Bau (Main/Garden Street), können Sie Walzähne in jeder nur denkbaren Verarbeitung bewundern (Mai bis September Mo–Sa 10–17 Uhr, So 13–17 Uhr). Erhalten ist auch das erste Zollhaus für einlaufende Schiffe, das hier der Staat New York 1789 errichtete (Garden Street, Juni bis Sept. Di–So 10–17 Uhr). Auf dem Oakland Cemetary (Jermaine Avenue/Suffolk Street) liegt der Choreograph George Balanchine begraben.

Sands Point Park Hier haben sich gleich zwei der großen Plutokratenfamilien durch Schlösser verewigt: 1901 bezog Howard Gould, Sohn des skrupellosen Eisenbahnkönigs Jay Gould, eine Kopie des gewaltigen Kilkenny Castle in Irland. Glücklich wurde er freilich nicht: Seine Frau, eine ehemalige Zirkusreiterin, brannte mit dem Architekten durch. 1917 kaufte Daniel Guggenheim, Eigentümer von Gold-, Zinn- und Kupferminen, das Grundstück. Einen Teil davon schenkte er seinem Sohn Harry, der sich 1923 ein *manoir* im normannischen Stil mit dem Namen »Falaise« (Steilküste) bauen ließ. Hierher flüchtete Charles Lindbergh nach der Ermordung seines Kindes, um den Zudringlichkeiten der Presse zu entgehen. Jedes Jahr im Oktober werden, dem genius loci entsprechend, mittelalterliche Turniere veranstaltet.

Am Wochenende wimmelt es von sonnenhungrigen New Yorkern an der Jones Beach auf Long Island

(Goulds Herrenhaus wird zur Zeit restauriert.)
Middle Neck Road, Sands Point (Ausfahrt 26 vom Long Island Expressway in nördlicher Richtung auf Straße Nr. 101, etwa 6 Meilen immer geradeaus)
Mai bis Mitte Nov. Sa–Mi 10–17 Uhr

Stony Brook Dieses reizende Hafenstädtchen kann sich rühmen, eine der größten Museumsanlagen an der Ostküste zu besitzen. Neben einer alten Schmiede und einer Dorfschule umfaßt sie mehrere Gebäude, in denen Kunstgewerbe und Handwerk ausgestellt sind. Über die Bedeutung des lokalen Großmeisters William Sidney Mount, eines Genremalers aus dem 19. Jh., mag man streiten. Unbestreitbar ist dagegen der Rang des Wagenmuseums: Kutschen, Schlitten, Zigeuner- und Feuerwehrwagen kommen sehr selten in dieser Anzahl und Qualität zusammen.
1208 Route 25 A (nach Ankunft auf der Straße Nr. 97 links ab)
Mi–So 10–17 Uhr

Vanderbilt Museum William K. Vanderbilt junior, Sohn des Erbauers von »Marble House« in Newport, ein passionierter Weltreisender, zog sich in dieses Schloß (»Eagle's Nest«) im spanischen Stil zurück. Im Haupthaus finden wir neben englischen Holzdecken, sarazenischen Waffen, portugiesischen Kaminen und florentinischen Möbeln eine Orgel mit 2000 Pfeifen. In einem Nebenhaus brachte Vanderbilt seine riesige Naturaliensammlung – 17 000 Stücke – unter. Außerdem errichtete er auf seinem Grundstück ein Planetarium, wo noch heute *sky shows* veranstaltet werden.
Little Neck Road, Centerport (Ausfahrt 51 vom Long Island Expressway in nördlicher Richtung auf Landstraßen Nr. 231, 66 und 10, nach 7 Meilen an der Kreuzung mit Nr. 25 A links ab)
Di–So 10–16 Uhr

Neuengland

Unter dem Begriff »Neuengland« werden die sechs Bundesstaaten nördlich des Sundes von Long Island zusammengefaßt. Hier siedelten sich die ersten Auswanderer aus England an. Bis heute sind die »Yankees« dem ehemaligen Mutterland eng verbunden geblieben. Zu unserem Reisegebiet gehören nur die drei südlichen Staaten Neuenglands, die wir nach folgenden Regionen gegliedert haben: die *Berkshires* und *Cape Cod* als westliches bzw. östliches Ende von Massachusetts sowie die kleinen Staaten *Connecticut* und *Rhode Island*.

Berkshires

Das Mittelgebirge gilt als eine der lieblichsten Hügellandschaften der USA. Im Sommer sind die Berkshires Schauplatz der Musikfestspiele von Tanglewood und des Jacob's Pillow Dance Festival. Die höchste Erhebung ist der Mount Greylock nördlich von Pittsfield, der von seinen 1064 Metern einen großartigen Rundblick bietet. Der Mohawk Trail (Straße Nr. 2), der die Berkshires mit Boston verbindet, ist landschaftlich besonders reizvoll.

Einkaufen

Am lohnendsten ist das für die Gegend charakteristische Kunstgewerbe, das man überall findet, vornehmlich in den Andenkenläden der Museumsdörfer Hancock Shaker Village oder Old Sturbridge Village.

Restaurants

Die meisten der Hotels, die Sie in der nächsten Rubrik finden, haben ein angeschlossenes Restaurant, nicht wenige darunter sind von hervorragender Qualität.
Hier noch einige weitere Adressen:
Candlelight Inn Freundliches, zentral gelegenes Lokal mit kontinentaler Küche.
53 Walker Street, Lenox
Tel. (4 13) 6 37-15 55
1. Kategorie
Church Street Café Zwangloses »American Bistro« mit angenehmer Atmosphäre.
69 Church Street, Lenox
Tel. (4 13) 6 37-27 45
2. Kategorie
Federal House Klassische kontinentale Küche, nur Dinner.
Landstraße Nr. 102, South Lee
Tel. (4 13) 2 43-18 24
1. Kategorie
Le Jardin Hier bereitet ein deutscher Küchenchef französische Gerichte zu.
777 Cold Spring Road, Williamstown
Tel. (4 13) 4 58-80 32
2. Kategorie

Hotels

Die Berkshires sind reich an stilvollen Landgasthäusern *(country inns)*, die zum großen Teil aus dem 19. Jh. stammen. Beliebt sind auch Zimmer in Privathäusern, die wir hier nicht auflisten können. Dafür geben wir Ihnen die Adressen zweier Agenturen, mit denen Sie sich so früh wie möglich in Verbindung setzen sollten:
Berkshire Visitors Bureau
Berkshire Common, Pittsfield, Mass. 01201
Tel. (4 13) 4 43-91 86

Berkshires

Berkshire Bed and Breakfast
P.O. Box 211, Main Street, Williamsburg, Mass. 01096
Tel. (4 13) 2 68-72 44

Apple Tree Inn Hier hören Sie die Konzerte von Boston Symphony Orchestra in Tanglewood von ihrem Zimmer aus gratis mit. Swimmingpool, Tennisplatz.
224 West Street, Lenox
Tel. (4 13) 6 37-14 77
2. Kategorie, 33 Zi.

Blantyre Wer einmal wie ein Schloßherr oder eine Schloßdame wohnen und tafeln will, sollte sich ein paar Tage in dieser gelungenen Nachbildung eines schottischen Landsitzes gönnen. Swimmingpool, Tennisplatz.
East Street, Lenox
Tel. (4 13) 6 37-35 56
Luxuskategorie, 23 Zi.

Gateways Inn Die ehemalige Villa des Waschmittel-Millionärs Harley Proctor (von Proctor & Gamble).
71 Walker Street, Lenox
Tel. (4 13) 6 37-25 32
1. Kategorie, 8 Zi.

The Orchards 1985 eröffnetes Luxushotel mit antiker Innenausstattung; einige Zimmer haben außerdem einen Kamin.
222 Adams Road, Williamstown
Tel. (4 13) 4 58-96 11
1. Kategorie, 50 Zi.

Red Lion Inn Ein 200 Jahre altes, gemütliches Landhotel mit gutem Restaurant.
Main Street, Stockbridge
Tel. (4 13) 2 98-55 45
2. Kategorie, 100 Zi.

Wheatleigh Florentinischer Palazzo in einem gepflegten Park. Erstklassiges Restaurant, Tennisplatz.
West Hawthorne Road, Lenox
Tel. (4 13) 6 37-06 10
Luxuskategorie, 17 Zi.

Williams Inn Modernes Hotel im Kolonialstil, Hallenbad.
On the Green at Williams College, Williamstown
Tel. (4 13) 4 58-93 71
2. Kategorie, 102 Zi.

Am Abend

Neuengland, und mithin auch die Berkshires, ist nicht gerade eine Gegend, die Nachtschwärmer anzieht. Hier geht man früh ins Bett, um früh wieder auf den Beinen zu sein. Im Sommer allerdings bieten die Berkshires den Freunden von Musik und Tanz zwei Ereignisse von internationalem Rang. (Mit Kreditkarte ist Platzvorbestellung auch von Deutschland aus möglich.)

Jacob's Pillow Tanzfestspiele im Juli und August.
Ted Shawn Theater, 8 Meilen östlich von Lee auf der Landstraße Nr. 20
Information: Tel. (4 13) 6 37-13 22
Kartenvorverkauf: Tel. (4 13) 2 43-07 45

Tanglewood Amerikas bekannteste Musikfestspiele, hauptsächlich bestritten vom Boston Symphony Orchestra, das den Sommer – Ende Juni bis Anfang September – in den Berkshires verbringt. Wenn Sie im überdachten *shed* sitzen wollen, empfiehlt sich frühzeitiger Kartenkauf. Wollen Sie aber – was den eigentlichen Charme von Tanglewood ausmacht – auf dem Rasen picknicken, genügt es, eine Stunde vorher anzureisen. Machen Sie sich auf Verkehrsstaus gefaßt, und ziehen Sie sich warm an: Die Berkshires werden nachts kühl. Die teuersten Tickets im *shed* kosten 55 $; auf dem *Lawn* sind Sie schon mit 8.50 $ dabei.
West Street, Lenox (2 km südwestlich auf Straße Nr. 183)
Information bis 8. Juni: Tel. (6 17) 2 66-14 92, danach: Tel. (4 13) 6 37-19 40
Kartenvorverkauf: Tel. (6 17) 7 87-80 00, (2 12) 3 07-71 71

Ziele in der Umgebung

Hancock Shaker Village (6 km westlich von Pittsfield über Straße Nr. 20) Die Shaker (»Schüttler«) waren eine im 18. Jh. in England ge-

gründete christliche Sekte, so genannt nach ihren Gottesdiensten, in denen getanzt und mit den Händen geklatscht wurde. Sie blieben keusch und verzichteten auf persönliches Eigentum.
Von der englischen Staatskirche verfolgt, wanderten sie 1774 nach Amerika aus. Um 1840, auf dem Höhepunkt ihres Wirkens, gab es in den USA 18 Shaker-Dörfer mit insgesamt 6000 Gläubigen. Die Gemeinde starb 1960 aus.
Heute ist das Dorf ein Museum. 20 Bauwerke wurden wieder instand gesetzt; als architektonisches Juwel unter ihnen gilt die 1826 gebaute runde Scheune.
Auch die Möbel und die Haushaltsgeräte der Shaker erzielen heute wegen ihrer schlichten Eleganz hohe Preise. Die charakteristische Arbeitsweise wird von Handwerkern demonstriert.
Juni–Okt. tgl 9.30–17 Uhr; April, Mai, Nov. nur am Wochenende

Stockbridge In die ehemalige Indianermission kommen heute die Bleichgesichter, um auf der Terrasse der historischen »Red Lion Inn« (Main Street) einen Drink zu nehmen oder im Norman Rockwell Museum (dito) die Werke ihres volkstümlichsten Illustrators zu bewundern.
Tgl. 10–17 Uhr, im Winter Di geschl.

Sturbridge Im Old Sturbridge Village, auf halbem Weg zwischen Springfield und Worcester gelegen, wurde das dörfliche Leben Nordamerikas, wie es sich um 1830 herum darbot, mit viel Liebe und Sachverstand rekonstruiert. An windungsreichen Wegen finden Sie zwei Dutzen Gebäude – vom Sägewerk bis zur Druckerei, von der Schmiede bis zur Post –, in denen die damaligen Arbeitsmethoden praktiziert werden. Spezialisten in zeitgenössischer Tracht backen, weben, töpfern und weihen Sie gern in ihre Geheimnisse ein.
April–Okt. tgl. 9–17 Uhr, sonst 10–16 Uhr

Williamstown Inmitten liebenswerter Kolonialarchitektur finden Sie eines der interessantesten Museen der USA: Das *Sterling and Francine Clark Art Institute* (225 South Street Di–So 10–17 Uhr) genießt vor allem wegen seiner französischen – mehr als 30 Renoirs! – und amerikanischen Gemälde aus dem 19. Jh. landesweiten Ruf.

Cape Cod

Hierher zieht es unwiderstehlich all jene, die schwimmen, schnorcheln, surfen oder segeln wollen. Die Halbinsel, ein recht seltsam geformter Ausläufer des Festlands von Massachusetts, bietet gut 400 Kilometer zum Teil noch wilden und einsamen Sandstrand. Seit der Vollendung des Kanals (1914) ist Cape Cod genaugenommen eine Insel: Drei Brücken verbinden sie mit dem Festland.
Die Ostküste mit ihren Dünen, Kliffs und Zedernsümpfen steht unter Naturschutz. Viele Orte wie etwa Falmouth oder Chatham im Süden haben sich trotz des Touristenrummels ihren ursprünglichen Charme bewahrt. In Mashpee, einer alten Indianer-Siedlung an der Straße Nr. 130, findet Anfang Juli ein traditionelles Tanzfest (»Pow-Wow«) statt.

Treffpunkte

In ganz Neuengland gibt es keinen geeigneteren Ort, um Amerikaner kennenzulernen, als Provincetown. An Sommerwochenenden drängen sich nicht nur die Freunde von Sand und Meer, sondern bizarre Gestalten aller Art – in die Jahre gekommene Blumenkinder, Weltverbesserer, Künstler, Poeten (und solche, die es werden wollen). Überdurchschnittlich hoch ist der Anteil der Homosexuellen. Wandern Sie einfach die Commercial Street entlang – *this is, where the action is.*

Einkaufen

Zum einen lockt das ortsübliche Kunstgewerbe, zum andern dürfte ein Spaziergang durch die Hauptgeschäftsstraßen von Provincetown (Commercial Street), Falmouth, Vineyard Haven (auf Martha's Vineyard) und Nantucket (alle drei heißen Main Street) genügen, um Sie auf gute Ideen zu bringen.

Restaurants

Cape Cod:
Christian's »Yankee cuisine«, im Sommer mit Musik.
443 Main Street, Chatham
Tel. (5 08) 9 45-33 62
2. Kategorie
Gene Green's Terrace Das eleganteste Restaurant von »P-Town«.
Bradford/Stanish Street, Provincetown
Tel. (5 08) 4 87-05 98
1. Kategorie
Impudent Oyster Trotz des Namens werden hier nicht nur Austern serviert.
15 Chatham Bars Avenue, Chatham
Tel. (5 08) 9 45-35 45
2. Kategorie
Red Inn Ruhiges Lokal mit schönem Blick über den Hafen.
15 Commercial Street, Provincetown
Tel. (5 08) 4 87-00 50
3. Kategorie
The Regatta Romantisches Fischrestaurant, die erste Adresse am Ort.
217 Clinton Street, Falmouth
Tel. (5 08) 5 48-54 00
1. Kategorie
Nantucket:
Le Languedoc Unten Café, oben Restaurant; französisch-amerikanische Küche.
24 Broad Street, Nantucket
Tel. (5 08) 2 28-25 52
2. Kategorie
21 Federal Neues, geräumiges Restaurant im traditionellen Kolonialstil. Besonders zu empfehlen sind – wie überall auf den Inseln – die appetitlich zubereiteten Seetiere.
21 Federal Street, Nantucket
Tel. (5 08) 2 28-21 21
2. Kategorie
Martha's Vineyard:
Black Dog Tavern Überaus populäres Lokal nahe dem Jachthafen. Da Vineyard Haven *dry* ist, müssen Sie Ihren Alkohol selber mitbringen.
Beach Road, Vineyard Haven
Tel. (5 08) 6 93-92 23
2. Kategorie

Hotels

Auskunft über die zahlreichen Pensionen und Gasthöfe mit Fremdenzimmern erteilen zwei Agenturen:
House Guests
P. O. Box 1881, Orleans, Mass. 02653
Tel. (5 08) 8 96-70 53
Contact Bed and Breakfast
P. O. Box 341, West Hyannisport, Mass. 02672
Tel. (5 08) 7 75-27 72
Cape Cod:
Bradford Gardens Inn Dieses 150 Jahre alte Gasthaus verbindet den Charme der Vergangenheit mit den technischen Errungenschaften der Gegenwart.
178 Bradford Street, Provincetown
Tel. (5 08) 4 87-16 16
3. Kategorie, 8 Zi.
Captain's House Dieses 1839 gebaute, besonders angenehme kleine

Cape Cod

Buntbemalte Veranden schmücken die Gingerbread Cottages auf der Insel Martha's Vineyard

Haus hat – wie der Name sagt – tatsächlich einmal einem Kapitän gehört.
371 Old Harbor Road, Chatham
Tel. (5 08) 9 45-01 27
2. Kategorie, 14 Zi.

Chatham Bars Inn 1914 als Jagdhaus gebaut, heute ein Ferienhotel mit Meerblick, Golf- und Tennisplätzen. Nur Vollpension.
Shore Road, Chatham
Tel. (5 08) 9 45-00 96
1. Kategorie, 150 Zi.

Hargood House Vier stilvoll möblierte Häuser mit schönem Blick auf den Hafen. Zentral gelegen und deshalb etwas laut. In der Hochsaison ist der Mindestaufenthalt eine Woche.
493 Commercial Street, Provincetown
Tel. (5 08) 4 87-13 24
2. Kategorie, 17 Zi.

The Masthead Eine Mischung aus *cottages*, Appartements und Motelzimmern. Privatstrand. In der Saison Mindestaufenthalt eine Woche.
31–41 Commercial Street, Provincetown
Tel. (5 08) 4 87-05 23
3. Kategorie, 21 Zi.

Sea Crest Resort Populäres Ferienhotel mit Swimmingpools und Tennisplätzen. Halbpension.
350 Quaker Road, North Falmouth
Tel. (5 08) 5 48-38 50
1. Kategorie, 266 Zi.

Martha's Vineyard:
Captain Dexter House Noch ein altes Kapitänshaus, sorgfältig restauriert und sehr geschmackvoll eingerichtet.
100 Main Street, Vineyard Haven
Tel. (5 08) 6 93-65 64
3. Kategorie, 8 Zi.

Charlotte Inn Die eleganteste Adresse auf Martha's Vineyard: Eine Anlage aus fünf teils alten, teils neuen Häusern. Großer Garten, erstklassiges Restaurant (»L'Étoile«).
South Summer Street, Edgartown
Tel. (5 08) 6 27-47 51
Luxuskategorie, 25 Zimmer

Nantucket:
Harbor House Ein modernes Hotel, das nach außen wie eine Reihe

traditioneller *town houses* wirkt. Swimmingpool.
3 Beach Street, Nantucket
Tel. (5 08) 2 28-15 00
1. Kategorie, 113 Zi.
Jared Coffin House Das älteste Hotel von Nantucket, seit 1846 ununterbrochen in Betrieb und durch Zukauf mehrerer Nachbarhäuser erweitert.
29 Broad Street, Nantucket
Tel. (5 08) 2 28-24 05
2. Kategorie, 58 Zi.

Am Abend

Auch auf Cape Cod gilt: Die Abende und Nächte sind ruhig, man geht früh schlafen. Die Ausnahme ist Provincetown: Wer will, kann sich in der Commercial Street und ihren Seitenstraßen die Nächte um die Ohren schlagen.
Boatslip Unter den vielen *gay bars* (Homosexuellen-Bars) von »P-Town« ist dieses Hotel mit Restaurant, Bar und Disko einer der populärsten Treffpunkte.
161 Commercial Street
Ciro and Sal's Nicht schlechtes italienisches Lokal mit vielbesuchter Bar.
4 Kiley Court (nahe 400 Commercial Street), Provincetown
Crown and Anchor Complex Mehrzweck-Etablissement mit Bar, Disko und Show (häufig treten Damen-Imitatoren auf).
247 Commercial Street, Provincetown
The Mews Auch ein Restaurant mit stets überfüllter Bar (Kamin).
359 Commercial Street, Provincetown

Ziele auf Cape Cod

Martha's Vineyard Die dreieckige Insel ist am einfachsten von Cape Cod aus zu erreichen: Zwischen Woods Hole und Vineyard Haven verkehrt eine Autofähre (Fahrzeit: 45 Min., Platzreservierung: Tel. (5 08) 5 40-20 22). Im Sommer gehen auch Personenfähren von Falmouth und Hyannis nach Oak Bluffs. Oak Bluffs ist vor allem wegen seiner pittoresken viktorianischen »Gingerbread Cottages« (Knusperhäuschen) bekannt. Im Westen der Insel, in der Umgebung der in allen Farben schillernden Gay Head Cliffs, leben noch viele Indianer. Im Osten vorgelagert die kleine Insel Chappaquiddick, wo Edward Kennedy am 18. Juli 1969 den karriereschädigenden Autounfall baute, bei dem seine Begleiterin unter bis heute nicht voll geklärten Umständen ums Leben kam. Wer nach Martha's Vineyard keinen Wagen mitnehmen will, kann bei der Ankunft ein Fahrrad mieten.

Nantucket Auch die zweite der beiden großen Inseln ist von Woods Hole (Cape Cod) mit der Autofähre zu erreichen (Fahrzeit: 2 ½ Stunden). Da die Fähren im Sommer häufig ausgebucht sind, ist rechtzeitige Reservierung bei der *Steamship Authority* dringend zu empfehlen (→ Service). Im Sommer verkehrt überdies zwischen Hyannis und Nantucket eine Personenfähre (Fahrzeit: 2 Stunden). Von New York und Boston ist die Insel auch mit dem Flugzeug zu erreichen. Die Fähren landen im gleichnamigen Hauptort. Hier scheint die Zeit seit hundert Jahren stillzustehen. Schlendern Sie die kopfsteingepflasterte Main Street entlang mit ihren vornehmen Kapitänshäusern, ihren anheimelnden Läden und Galerien. Das 1845 gebaute Haus des Ölhändlers Hadwen Satler (Main/Ecke Pleasant Street) kann besichtigt werden (Mai bis Oktober 10–17 Uhr). Einen Besuch lohnt auch das Whaling Museum in der Broad Street, in dem der Walfang in all seinen Aspekten anschaulich gemacht wird (Mai bis Dezember 10–17 Uhr).

Plymouth Hier ließen sich Weihnachten 1620 die »Pilgerväter« –

insgesamt 102 Personen – nieder, da Stürme sie von der Weiterreise nach Virginia abhielten. Eine naturgetreue Kopie ihres Schiffes (»Mayflower II«) ankert am State Pier und kann zwischen April und Nov. (9–17 Uhr, im Sommer bis 18.30 Uhr) besichtigt werden. Auch ihre Siedlung (»Plymouth Plantation«) wurde 3 Meilen weiter südlich im alten Stil wiederaufgebaut. Die Fremdenführer tragen nicht nur zeitgenössische Tracht; sie konversieren mit dem Publikum auch – »dost thou understand?« – im Idiom des 17. Jh. (Zufahrt über Straße Nr. 3A, geöffnet April bis Nov. 9–17 Uhr). An Freitagen im Sommer und zum Erntedankfest (Thanksgiving) findet unweit des legendären Landungsplatzes (»Plymouth Rock«) der »Pilgrims Progress« statt, eine Prozession im Kostüm der Pilgerväter.

Provincetown Der malerischste und dementsprechend überlaufendste Ort liegt an der äußersten Spitze der Halbinsel: An Sommerwochenenden schwillt die Bevölkerung von 3400 auf 50 000 an. Wen das Gewimmel nicht schreckt, der wird noch immer Zeugnisse dafür finden, daß »P-Town« (wie die Einheimischen das Städtchen nennen) vor dem Ersten Weltkrieg Amerikas bekannteste Künstlerkolonie war. An Galerien ist auch heute kein Mangel. Von der Aussichtsterrasse des Pilgrim Memorial Monument – es erinnert daran, daß die »Mayflower«, bevor die Besatzung in Plymouth an Land ging, zunächst Cape Cod anlief – hat man einen herrlichen Blick über die ganze Halbinsel. Beliebt ist »P-Town« auch als Ausgangspunkt für das *whale-watching*, die Beobachtung der Wale im offenen Meer. Am letzten Sonntag im Juni findet im Hafen die stimmungsvolle »Segnung der Flotte« statt.

Sandwich Am nördlichen Beginn der Halbinsel gelegen, weist das alte Fischerstädtchen die Heritage Plantation auf, ein Museumsdorf, in dem Sie amerikanische Volkskunst, alte Autos und Waffen – darunter ein Gewehr von Buffalo Bill – besichtigen können. (Mitte Mai–Okt. tgl. 10–17 Uhr)

Service
Inselrundfahrten
Martha's Vineyard:
Gay Head Sightseeing Company
Harbor, Vineyard Haven
Tel. (5 08) 6 93-15 55

Nantucket:
Nantucket Island Tours
Straight Wharf
Nantucket
Tel. (5 08) 2 28-01 74

Whale-watching (Wale-Beobachten)
Dolphin Fleet
Town Wharf (MacMillan Wharf), Provincetown
Tel. (5 08) 2 55-38 27

Connecticut

Auf dem Weg von New York nach Boston kommen Sie durch das immer noch ländliche Connecticut. Wälder, Wiesen, kleine Ortschaften, lange Sandstrände bilden einen erholsamen Kontrast zu der Hektik US-amerikanischer Großstädte. Das Land wurde 1633 von Puritanern besiedelt, ihre »Fundamental Orders of Connecticut« gelten als die erste geschriebene Verfassung der Neuen Welt. Connecticut trägt daher auch den Namen »Constitution State«.

Connecticut

Hartford

Die Hauptstadt Connecticuts (136 000 Einwohner) ist Sitz von mehr als 35 Versicherungen und der berühmten Gewehrfabrik Colt; die blaue Kuppel der Fabrik ist von der Autobahn Nr. 91 gut zu sehen. Reisende werden sich mehr für das Kapitol und seinen eleganten Vorgänger interessieren, das von Charles Bulfinch entworfene *Old State House* (800 Main Street, werktags 10–17 Uhr, So 12–17 Uhr). Mindestens ebenso sehenswert sind das *Wadsworth Atheneum* und die *Nook Farm* im Westen der Stadt mit den Häusern von Mark Twain und Harriet Beecher Stowe. Das 1844 gegründete Wads-

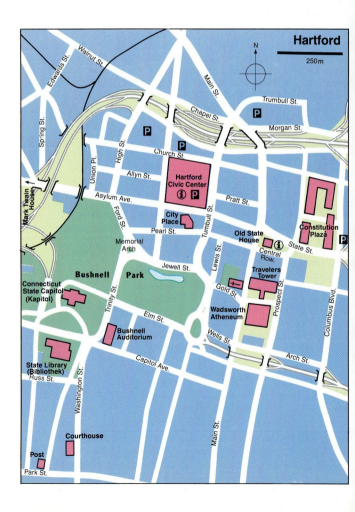

worth Atheneum (600 Main Street, Di–So 11–17 Uhr) ist das älteste öffentliche Museum Nordamerikas. Die Stärke seiner Gemäldesammlung liegt in den Werken aus der Zeit des Barock, des französischen Impressionismus und der Hudson River School. Darüber hinaus gibt es eine stattliche Anzahl an kostbaren Möbeln, an ausgefallenem Silber, Glas und Porzellan. In der winkligen viktorianischen Villa Farmington Avenue/Ecke Forest Street lebte Mark Twain – der eigentlich Samuel Clemens hieß – von 1874 bis 1891; während dieser Jahre entstanden einige seiner populärsten Werke, darunter *Die Abenteuer von Tom Sawyer* und *Die Abenteuer von Huckleberry Finn*. In einem bescheideneren Haus auf demselben Grundstück lebte die amerikanische Harriet Beecher Stowe, Verfasserin des damals Aufsehen erregenden Romans *Onkel Toms Hütte*, von 1873 bis zu ihrem Tode im Jahre 1896. (Beide Häuser Mo–Sa 9.30–16 Uhr, So 12–16 Uhr; November–Mai Mo geschlossen)

Einkaufen

Hartford kann sich hinsichtlich seiner Geschäfte nicht annähernd mit dem Einkaufsangebot von Boston messen. Aber in dem 1964 fertiggestellten, wegen seiner interessanten Architektur weithin bekannten Geschäfts- und Einkaufszentrum »Constitution Plaza« (zwischen Market Street und Columbus Boulevard) bekommen Sie ganz bestimmt, was Sie suchen.

Restaurant

L'Américaine Französische Küche à *l'américaine*
2 Hartford Square
Tel. (2 03) 5 22-65 00
2. Kategorie

Hotels

Hilton Parkview Modernes Hotel unweit des Civic Center.
1 Hilton Plaza
Tel. (2 03) 2 49-56 11
2. Kategorie, 383 Zi.

Sheraton-Hartford Die meisten Sehenswürdigkeiten Hartfords sind von hier aus zu Fuß erreichbar. Hallenbad.
315 Trumbull Street
Tel. (2 03) 7 28-51 51
2. Kategorie, 400 Zi.

Service

Auskunft
Fremdenverkehrsbüro:
Connecticut Department of Economic Development
210 Washington Street, Hartford, Conn. 06106
Tel. (2 03) 5 66-39 77 und 5 66-33 85

Ziel in der Umgebung

Mystic Mystiker werden mit diesem Dorf wenig anfangen können (das Wort ist nicht griechisch, wie man vermuten sollte, sondern indianisch) – dafür um so mehr die Freunde der Seefahrt: Mystic Seaport ist der Versuch, einen Hafen aus der Zeit der Segelschiffe originalgetreu zu kopieren.
Die Hauptattraktion ist die 1842 gebaute »Charles M. Morgan«, das letzte überlebende Schiff von Nordamerikas ruhmreicher Walfangflotte. Sehenswert außerdem das Marinemuseum und das Aquarium mit seinen 6000 verschiedenen Tierarten (stündliche Vorführungen mit Delphinen und Seelöwen).
Ausfahrt Nr. 90 des Connecticut Turnpike (Autobahn I-95) östlich von New London.
Tgl. 9–17 Uhr

Connecticut/Rhode Island

New Haven

Sitz der Yale University, der drittältesten (1701) amerikanischen Hochschule und ewigen Konkurrentin von Harvard. Viele »Yalies« haben in Politik und Wissenschaft große Karrieren gemacht, u.a. George Bush. Die Architektur des Campus reicht von der georgianischen Connecticut Hall über die Neugotik bis zur klassischen Moderne eines Louis Kahn, Eero Saarinen und Philip Johnson. Von Kahn stammen die beiden Kunstmuseen, die Yale University Art Gallery und das ihr gegenüberliegende Yale Center for British Art, beide in der Chapel Street (Di–Sa 10–17 Uhr, So 12–17 Uhr). Die Art Gallery wurde von dem patriotischen Maler John Trumbull gegründet; sein berühmtestes Bild ist die »Unabhängigkeitserklärung« (eine zweite Fassung hängt im Kapitol in Washington). Das Center for British Art beherbergt die bedeutende Gemäldesammlung von Paul Mellon, dem Sohn von Finanzminister Andrew Mellon, der den Grundstock zur National Gallery in Washington legte.

Restaurant

Bruxelles Gemütliche Brasserie für Freunde deftiger Mahlzeiten.
220 College Street
Tel. (2 03) 7 77-77 52
3. Kategorie

Hotels

Holiday Inn Die der berühmten Yale University am nächsten gelegene Unterkunft. Das Haus ist architektonisch wenig aufregend, nach »Schema F« gebaut.
30 Whalley Avenue
Tel. (2 03) 7 77-62 21
3. Kategorie, 160 Zi.

Park Plaza Im Einkaufszentrum gegenüber dem »Green«. Outdoor-Pool.
155 Temple Street
Tel. (2 03) 7 72-17 00
3. Kategorie, 300 Zi.

Rhode Island

Der kleinste Staat der USA ist auch einer der am stärksten industrialisierten, was natürlich einer ländlichen Idylle wie in den andern beschriebenen Staaten wenig Raum läßt. Sehenswert sind demzufolge insbesondere die Städte Newport und Providence. Vor allem für Segler ist aber auch die 400 Meilen lange Küste mit ihren zahlreichen Häfen attraktiv.

Newport

In der Belle Epoque, vor dem Ersten Weltkrieg, war Newport die bevorzugte Sommerresidenz der Superreichen. Ein halbes Dutzend ihrer Paläste kann heute besichtigt werden. Die beiden üppigsten wurden von Enkeln des legendären »Commodore« Vanderbilt gebaut; Architekt war in beiden Fällen der führende Vertreter des amerikanischen Historismus, Richard Morris Hunt, dem New York das Metropolitan Museum verdankt. »The Breakers« (Ochre Point

Avenue) ist unter den *mansions* das größte und leider auch überlaufenste: Die majestätischen Empfangsräume, der nach französischer Art gestutzte Garten und der herrliche Blick auf das Meer nötigen selbst hochmütigen Europäern Respekt ab. Noch luxuriöser geht es im »Marble House« (Bellevue Avenue) zu: Das Eßzimmer ist eine Kopie des Salon d'Ercule in Versailles; der »Goldene Ballsaal« gilt als prunkvollster Raum Nordamerikas. In welchen historischen Dimensionen sich der Hausherr, William Kissam Vanderbilt, sah, verraten Ihnen die Bilder, Möbel und Wappen der französischen Königsfamilie, die Sie überall antreffen. Sollten Sie danach vom Luxus noch nicht genug haben, so empfehlen wir einen Blick auf »Rosecliff« und »The Elms« (beide Bellevue Avenue). Beide wurden (neben anderen) von der Preservation Society of Newport vor dem Abbruch bewahrt. Alle *mansions* sind April bis Okt. tgl 10–17 Uhr geöffnet, im Sommer abwechselnd bis 19 Uhr. Sehenswert sind außerdem das *Hunter House,* ein nobles Beispiel des Kolonialstils (54 Washington Street, Mai–Okt. 10–17 Uhr) und die *Touro Synagogue,* Amerikas älteste (1759) Synagoge (85 Touro Street, im Sommer So–Fr 10–18 Uhr). Im Juli finden in Newport Musikfestspiele statt. (→ Am Abend)

Restaurants

The Black Pearl Im formellen »Commodore Room« speist man französisch, in der zwanglosen »Tavern« dagegen kann man sich mit einem »Pearlburger« zufriedengeben.
Bannister's Wharf
Tel. (4 01) 8 46-52 64
2. Kategorie

White Horse Tavern Amerikas älteste (1687) Taverne, mit Fachwerk, Kaminen, befrackten Kellnern und entsprechenden Preisen. Die Küche könnte eine Auffrischung vertragen.
Marlborough/Farewell Street
Tel. (4 01) 8 49-36 00
1. Kategorie

Hotels

The Inn at Castle Hill Wenn Sie in einem viktorianischen *mansion* wohnen wollen, sind Sie hier an der richtigen Adresse. Vorzügliches Restaurant, Tennisplatz.
Ocean Drive
Tel. (4 01) 8 49-38 00
1. Kategorie, 10 Zi.

Newport Harbor Treadway Inn Ferienhotel mit Hallenbad und eigenem Jachthafen.
49 America's Cup Avenue
Tel. (4 01) 8 47-90 00
1. Kategorie, 133 Zi.

Sheraton Islander Inn Ferienhotel auf einer Insel (Zufahrt über einen Damm von der Washington Street).
Goat Island
Tel. (4 01) 8 49-26 00
1. Kategorie, 253 Zi.

Zwei Agenturen, die Privatzimmer (bed and breakfast) vermitteln:
Guest House Association
P. O. Box 981, Newport, RI 02840
Tel. (4 01) 8 46-54 44
Bed and Breakfast of Rhode Island
P. O. Box 3291, Newport, RI 02840
Tel. (4 01) 8 49-12 98

Am Abend

Newport Festival Jeden Juli wird zwei Wochen lang in den *mansions* Musik gemacht.
Information: Tel. (4 01) 8 46-11 33
Kartenvorverkauf: Tel. (4 01) 8 49-07 00

Rhode Island

»The Breakers« – Sommerresidenz der millionenschweren Vanderbilts in Newport

Providence

Providence (157 000 Einwohner) ist die Hauptstadt von Rhode Island. Die Kuppel des Kapitols wird nur noch vom Petersdom übertroffen. Im pittoresken Viertel College Hill mit der 1764 gegründeten Brown University stehen elegante Villen aus dem 18. und 19. Jahrhundert. Die vornehmste, das John Brown House, kann besichtigt werden (52 Power Street, März bis Dez., Di–So 11–16 Uhr).

Einkaufen

Beachtenswert ist Amerikas ältestes (1828) Einkaufszentrum, die klassizistische »Arcade« in Providence (Westminster Street).

Restaurant

Pot-au-Feu Oben, im vornehmen »Salon«, regiert die klassische französische Küche; das »Bistro« unten ist gerade recht für den kleinen Appetit.
44 Custom House Street
Tel. (4 01) 2 73-89 53
2. Kategorie

Hotel

Omni Biltmore Die »große, alte Dame« strahlt im früheren Glanz.
Kennedy Plaza
Tel. (4 01) 4 21-07 00
2. Kategorie, 290 Zi.

Service

Auskunft
Fremdenverkehrsbüros:
Rhode Island Department of Economic Development
Division of Tourism and Promotion
7 Jackson Walkway, Providence, RI 02903, Tel. (4 01) 2 77-26 01

Philadelphia

War Boston die treibende Kraft, die die amerikanische Revolution in die Wege leitete, so wurde in Philadelphia der Bruch mit dem britischen Mutterland formell vollzogen: Am 4. Juli 1776 unterzeichneten im State House (heute: Independence Hall) Vertreter der 13 Kolonien die Unabhängigkeitserklärung. Damals war Philadelphia mit 40 000 Einwohnern die größte Stadt der westlichen Hemisphäre. 1787, nach erfolgreich beendetem Krieg, wurde hier unter dem Vorsitz von George Washington die amerikanische Verfassung beraten und verabschiedet. Auch die Regierung des neuen Staates amtierte von 1790 bis 1800 in Philadelphia; erst danach ließ sie sich in Washington nieder.

Im 19. Jahrhundert wetteiferte Philadelphia mit Baltimore und New York um den Vorrang im Europa-Handel – ein Kampf, den New York schließlich für sich entschied. Seit den dreißiger Jahren geht es mit Philadelphia – wie mit vielen anderen amerikanischen Großstädten – bergab: Ganze Viertel verkamen; wer es sich leisten konnte, floh in die Vororte; schwarze Familien drängten nach und leiteten eine neue Runde dieses circulus vitiosus ein. Heute ist Philadelphia mit 1,6 Millionen wieder da angelangt, wo es schon einmal 1920 war. Ob es der Stadt gelingt, sich zu fangen, wird die Zukunft lehren.

Den Touristen brauchen diese Nöte glücklicherweise nicht zu kümmern. Das historische Zentrum wird liebevoll gepflegt und zieht – vor allem im Sommer – eine große Zahl von Besuchern an: Für Amerikaner ist die Independence Hall ein nationaler Schrein, den

Philadelphia bei Nacht

sie zumindest einmal im Leben betreten haben müssen. Die Freiheitsglocke, die Münze, die schöne alte Christ Church, auf deren Friedhof Benjamin Franklin begraben liegt – sie alle sind nur wenige Fußminuten voneinander entfernt. Südlich an den Independence Park schließt sich der Society Hill an, ein erfolgreich saniertes Wohnviertel. Einige der vornehmen Häuser im Kolonialstil können besichtigt werden. Östlich, am Delaware River, entsteht Penn's Landing – eine Uferpromenade mit einem Skulpturengarten, einem Museum, Restaurants und mehreren historischen Schiffen, die gleichfalls zur Besichtigung einladen. Der Name erinnert an den frommen Quäker William Penn, der 1682 hier landete und die Stadt der »brüderlichen Liebe« – eben »Philadelphia« – gründete.

Die Stadt besitzt eine Reihe hervorragender Museen. Zwei davon sollten Sie unbedingt besuchen – das Philadelphia Museum of Art und die sonderbare Barnes Foundation mit ihren 150 Renoirs und je 60 Bildern von Cézanne und Matisse.

Sehenswertes

Christ Church Diese 1754 vollendete, stilistisch Sir Christopher Wren verpflichtete Perle der Kolonialarchitektur spielte in der amerikanischen Kirchengeschichte eine bedeutende Rolle: 1789 wurde hier die Protestant Episcopal Church als Nachfolgeorganisation der anglikanischen Kirche gegründet, die, nachdem man sich des britischen Königs entledigt hatte, in Amerika nicht mehr tragbar war. Lassen Sie sich die Plätze George Washingtons und Benjamin Franklins zeigen. Das Patriots' Window zeigt einige der Unterzeichner der Unabhängigkeitserklärung beim Gebet. Franklin ist auf dem nahegelegenen Friedhof beerdigt. Es ist üblich, einen Penny auf sein Grab zu werfen.
2nd/Market Street
Mo–Sa 9–17 Uhr, So 9–16 Uhr
Friedhof (5th/Arch Street) April bis Sept. tgl. 9–16.30 Uhr

Elfreth's Alley Dieses kaum 5 m breite, kopfsteingepflasterte Gäßchen wurde Anfang des 18. Jh. von Handwerkern bezogen; es gilt als älteste, stets bewohnte Straße Amerikas. 1937 durch eine Bürgerinitiative vor dem Abriß gerettet, sind die adretten Häuschen heute Gold wert. Beachten Sie die »Spione« im Obergeschoß: Die Bewohner können Besucher vom Bett aus identifizieren. Gleich um die Ecke (239 Arch Street) das jedem amerikanischen Schulkind vertraute Betsy Ross House: Hier soll der Legende nach die Näherin Betsy Ross die erste US-amerikanische Flagge gestickt haben – noch nicht mit 50, sondern mit 13 Sternen.
Tgl. 9–17 Uhr, im Sommer 9–18 Uhr

Fairmount Park Nordamerikas größter Stadtpark – zehnmal so groß wie der Central Park in New York, viermal so groß wie der Bois de Boulogne – war 1876 Schauplatz der ersten Weltausstellung außerhalb Europas. Zwei Jahre vorher wurde hier der erste Zoo des Landes installiert. Im 18. Jh. hatten sich in der damals ländlichen Gegend reiche Leute niedergelassen, um dem Lärm und den Epidemien der Stadt zu entfliehen. Etwa 20 dieser Landhäuser sind erhalten. Einige von ihnen wurden restauriert und können besichtigt werden. Das eleganteste Haus ist Mount Pleasant (Kelly Drive); es wurde von einem Piraten namens

John Macpherson, der in der Karibik sein Unwesen trieb, gebaut und gehörte später dem amerikanischen General Benedict Arnold, der im Unabhängigkeitskrieg zu den Engländern überlief. Wer an Möbeln, Porzellan und altem Hausrat Spaß hat, sollte sich Woodford (33rd/Dauthin Street) nicht entgehen lassen. Die beiden Häuser sind Di–So 10–17 Uhr geöffnet.

Man kann den Park entweder im Trolleybus kennenlernen: Abfahrt April bis Nov. Mi–So alle 20 Min. vom Convention and Visitors Bureau und vom Visitors Center (→ Service); mehrfaches Aussteigen möglich. Oder Sie lassen sich im Convention Bureau eine Karte geben und entdecken den Park auf eigene Faust.

Franklin Court Eine ungewöhnliche Beschwörung der Geschichte: Da Benjamin Franklins Haus zerstört wurde und die vorhandenen Unterlagen keine originalgetreue Rekonstruktion erlaubten, baute der Architekt Robert Venturi 1976 einen Stahlrahmen, der wenigstens den Umriß des Hauses erkennen läßt. Sehr amerikanisch auch das angrenzende Untergrund-Museum: Höhepunkte aus Franklins diplomatischer Laufbahn werden von einem Puppentheater dargestellt. Berühmte Amerikaner und Europäer verkünden telefonisch ihre Meinung über den wohl populärsten Amerikaner seiner Zeit. Nicht alle sind positiv: Rufen Sie Mr. Mark Twain an! Im Franklin Post Office verkaufen Ihnen Postler im Kostüm der Kolonialzeit Gedenkmarken.
314–22 Market Street
Tgl. 9–17 Uhr, im Sommer 9–18 Uhr

Freiheitsglocke (Liberty Bell) Die in England gegossene Glocke läutete, während die Unabhängigkeitserklärung öffentlich bekanntgemacht wurde: Für die US-Amerikaner ist sie neben »Lady Liberty« in New York das am höchsten verehrte Symbol der Freiheit. Damals hing sie in der Independence Hall. 1976 wurde sie in einen Pavillon transferiert, wo sie zu jeder Tages- und Nachtzeit besichtigt werden kann. Ein Meisterwerk des Glockengusses ist sie übrigens nicht: Beim Probeläuten sprang sie. Der Sprung wurde notdürftig geflickt; er ist noch immer zu sehen.
Market Street zwischen 5th und 6th Street

Independence Hall Was die Bastille den Franzosen bedeutet, das ist die Independence Hall für die US-Amerikaner – mit dem Unterschied, daß erstere nur noch als Grundriß auf dem Straßenpflaster existiert, während sich vor letzterer, besonders an Sommer-Wochenenden, lange Warteschlangen stauen. Im Sitzungssaal des damaligen State House wurde am 4. Juli 1776 die Unabhängigkeitserklärung unterzeichnet. Vom Mai bis September 1787 tagte im selben Raum die Constitutional Convention, die dem neuen Staat eine Verfassung gab. In ihren Grundzügen ist sie bis heute unverändert geblieben und damit die älteste Verfassung der Welt. Verschwunden sind dagegen die Originalmöbel des Sitzungssaals; doch ist es den Restauratoren gelungen, einen guten Eindruck des früheren Zustands zu vermitteln. Auch der Gerichts- und der Bankettsaal können besichtigt werden.
Chestnut Street zwischen 5th und 6th Street
Tgl. 9–17 Uhr, im Sommer 9–20 Uhr

Münze (U. S. Mint) Wer noch nie gesehen hat, wie Geld gemacht wird, kann hier seine Bildungslücke schließen. Das 1792 errichtete Gebäude war das erste, das die amerikanische Regierung in Auftrag gab. Stündlich werden anderthalb Mil-

66 Philadelphia

lionen Münzen produziert. Muster für die Besucher gibt es nicht, aber jede gewünschte Aufklärung.
5th/Arch Street
Mo–Sa 9–16.30 Uhr

Penn's Landing An der Stelle, wo der Stadtgründer William Penn einst landete, entsteht seit 1976 zwischen Market und Lombard Street eine Promenade am Ufer des Delaware, die – ähnlich wie der South Street Seaport in New York – Bummeln, Einkaufen und Essen mit einem Blick in die Geschichte verbinden soll. Unter den historischen Schiffen, die hier vor Anker liegen, ist die »U.S.S. Olympia« am sehenswertesten. Im Spanisch-Amerikanischen Krieg war sie das Flaggschiff von Admiral Dewey (tgl. 10–16.30 Uhr, im Sommer 10–18 Uhr). Das Port of History Museum an der Walnut Street zeigt stets wechselnde Ausstellungen.

Society Hill Dieses alte, einst völlig heruntergekommene Viertel in unmittelbarer Nähe von Penn's Landing, das im Norden von der Walnut Street, im Süden von der South Street, im Westen von der 9th Street und im Osten vom Fluß begrenzt wird, ist heute eine der begehrtesten und teuersten Wohngegenden von Philadelphia. Die Villen aus der Kolonialzeit wurden sorgfältig restauriert. Einige laden zur Besichtigung ein, darunter das Powell House (244 South 3rd Street) und das Hill-Physick-Keith House (321 South 4th Street); Öffnungszeiten: Di–Sa 10–16 Uhr, So 13–16 Uhr. Nicht weit davon finden Sie das köstliche Spielzeugmuseum (→ Museen). Ein historisches Gasthaus mit dem ungewöhnlichen Namen »Man Full of Trouble Tavern« (127 Spruce Street) veranstaltet nach Vereinbarung Gruppenführungen (Tel. 9 22-17 59). Wenn Sie sich das ganze Viertel von einem Führer im Kostüm des 18. Jh. zeigen lassen wollen, so sollten Sie sich an der City Tavern (2nd/Walnut Street) einfinden; dort startet jeden Samstag um 18.30 Uhr ein neunzigminütiger *candlelight stroll* (Reservierung Tel. (2 15) 7 35-31 23).

Treffpunkte

Bei Ihrem Spaziergang durch den Independence Park, das historische Zentrum der Stadt, werden Sie mehr Amerikaner treffen, als Ihnen lieb sein dürfte. Die meisten von ihnen stammen natürlich nicht aus Philadelphia, sondern sind Touristen wie

Sie. Der klassische Treffpunkt der Einheimischen (»Meet you at the Eagle!«) ist der Bronze-Adler bei Wanamaker's, Nordamerikas ältestem Warenhaus. Zum *people watching* höchst geeignet ist auch die Gallery, das größte Einkaufszentrum der Welt (→ Einkaufen). Wenn Sie mehr an der kochenden Volksseele interessiert sind, sollten Sie sich zum Vaterans Stadium (Broad Street/Pattison Avenue) bemühen: Von April bis Sept. spielen hier die »Phillies« Baseball, danach die »Eagles« Football. Auskunft: Tel. (2 15) 4 63-10 00, 4 63-55 00.

Museen

Barnes Foundation In Merion, am westlichen Stadtrand von Philadelphia, finden Sie eine der ungewöhnlichsten Kunstsammlungen der Welt. Albert Barnes, ein streitbarer Querkopf, der mit einem Augenwasser Millionen verdient hatte, trug in seiner Villa nicht weniger als 150 Renoirs zusammen, dazu alte Meister, Kunstgewerbe europäischen und außereuropäischen Ursprungs sowie je 60 Gemälde von Cézanne und Matisse. Ebenso unorthodox wie die Präsentation der – nur durch den Namen des Malers

gekennzeichneten – Bilder ist auch die restriktive Einlaßpolitik: Pro Woche werden nur 500 Besucher zugelassen. Davon die Hälfte nach schriftlicher oder telefonischer Reservierung, die zwei Wochen vorher eingegangen sein muß. Kein Zutritt für Gruppen und Kinder.
300 North Latches Lane, Merion Station, Pa. 19066, Zufahrt über Old Lancaster Road (Bus Nr. 44), Tel. (2 15) 6 67-02 90.
Fr und Sa 9.30–16.30 Uhr, So 13–16.30 Uhr, Juli und Aug. geschl.

Franklin Institute Benjamin Franklin war ein leidenschaftlicher Experimentator und der Erfinder des Blitzableiters. Sein Nachlaß ist hier ausgestellt. Viele der modernen Apparaturen laden zum Mitmachen ein. Besonders beliebt sind das begehbare Herz, der größte Flipperautomat der Welt und die Flugzeughalle (Hall of Aviation). Auch den künstlichen Blitz und das Planetarium sollten Sie sich nicht entgehen lassen.
Benjamin Franklin Parkway/20th Street
Mo–Sa 10–17 Uhr, So 12–17 Uhr

Philadelphia Museum of Art Das imposante Bauwerk im Stil eines griechischen Tempels beherbergt eine der bedeutendsten Kunstsammlungen Amerikas. Unter den Gemälden sind hervorzuheben eine Kreuzigung von Rogier van der Weyden, van Eycks »Heiliger Franz, die Wundmale empfangend«, Poussins »Triumph des Neptun«, Cézannes »Große Badende«, Picassos »Drei Musiker« und Dalis »Vorahnung des Bürgerkriegs«. Daneben besitzt das Museum die umfassendste Duchamp-Kollektion der Welt, darunter den epochemachenden »Akt, eine Treppe herabsteigend«. Aber auch die orientalische Abteilung hat zahlreiche Kostbarkeiten vorzuweisen.
Benjamin Franklin Parkway/26th Street
Di–So 10–17 Uhr

Rodin Museum Falls Sie aus irgendeinem Grund das Musée Rodin in Paris verpaßt haben sollten – hier können Sie die Scharte auswetzen: Philadelphia besitzt die zweitgrößte Sammlung von Skulpturen des französischen Meisters des ausgehenden 19. Jh., dessen Werke als Beginn der modernen Plastik angesehen werden. »Der Denker«, »Balzac«, »Die Bürger von Calais« – sie und weitere 200 Werke sind hier in Bronze, Gips und Marmor zu finden. Der Besuch läßt sich gut mit dem gegenüberliegenden Franklin Institute verbinden.
Benjamin Franklin Parkway/22nd Street
Di–So 10–17 Uhr

Spielzeugmuseum (Perelman Antique Toy Museum) Nicht nur Kinder haben an dieser einzigartigen Sammlung historischen Spielzeugs ihre helle Freude. Auf drei Stockwerken sind über 2000 Feuerwehren, Registrierkassen, Puppen, Tiere, Kinderbücher und mechanische Spielsachen aller Art ausgestellt. Das Haus ließ sich 1759 ein Schiffskapitän bauen.
270 South 2nd Street
Mo–Sa 9.30–17 Uhr, So 9.30–16 Uhr

Einkaufen

Philadelphia kann zwar mit New York nicht konkurrieren, ist aber kein schlechtes Pflaster zum Einkaufen. Es besitzt nicht nur Amerikas ältestes Kaufhaus, sondern auch das größte Einkaufszentrum der Welt. Die dichteste Konzentration von Geschäften finden Sie zwischen Independence Park und Rittenhouse Square. Die Preise liegen deutlich unter denen in New York, Boston und Washington.

Antiquitäten:
Auf der Pine Street zwischen 9th und 12th Street finden Sie gut 25 einschlägige Geschäfte.

Bücher:
W. Graham Arader III Interessantes Antiquariat.
1308 Walnut Street
B. Dalton Der Ableger von Amerikas größter Buchhandelskette.
1431 Chestnut Street
Joseph Fox Spezialgebiete: Kunst, Design, schöne Literatur.
1724 Sansom Street

Einkaufszentren, Kaufhäuser:
The Bourse Die alte, kurz vor der Jahrhundertwende gebaute Handelsbörse mußte in der Depressionszeit ihre Tore schließen. 1981 wurde sie wiedereröffnet – als Einkaufszentrum mit schicken Läden, Snackbars und Restaurants.
5th/Market Street
The Gallery/Gallery II Die größte *shopping mall* der Welt mit zwei Kaufhäusern (Stern's, Strawbridge & Clothier) und über 200 Einzelhandelsgeschäften. Auch Restaurants aller Preisklassen sind reichlich vorhanden.
9th/Market Street
Wanamaker's Amerikas ältestes Warenhaus, 1861 gegründet und seit 1902 am gegenwärtigen Platz. Architektonisch eine Augenweide – ein zwölfstöckiger Renaissancepalast *à l'américaine*. Elegantes Restaurant (»Crystal Tea Room«) und die größte Orgel der Welt (30 000 Pfeifen): zweimal tgl. – 11.15 und 17.15 Uhr – Konzert. Auch sonntags geöffnet, Mi bis 21 Uhr.
13th/Market Street

Kleidung:
Brooks Brothers Konservative Herrengarderobe im englischen Stil.
1500 Chestnut Street
Burberry's Noch ein konservatives Bekleidungsgeschäft, das vor allem männliche Kundschaft versorgt.
1705 Walnut Street
Nan Duskin Unter den vielen Boutiquen um den Rittenhouse Square eine der elegantesten.
1729 Walnut Street

The Gap Amerikas erfolgreichste Kette von Jeans-Läden.
16th/Chestnut Street, 1710 Walnut Street

Kunsthandwerk:
Artisans Cooperative Kunsthandwerk von der gesamten Ostküste.
Einkaufszentrum NewMarket, 2nd/Pine Street
Works Gallery Möbel, Glas, Keramik.
319 South Street

Schallplatten:
Tower Records Die bestsortierte Ladenkette des Landes.
610 South Street

Schmuck:
Die meisten Juweliergeschäfte konzentrieren sich um die Kreuzung 8th/Sansom Street.

Restaurants

Le Bec Fin Das beste französische Restaurant Philadelphias und eines der besten des Landes.
1523 Walnut Street
Tel. (2 15) 5 67-10 00
Luxuskategorie
Bookbinder's Traditionelles, sehr populäres Fischlokal, in der Qualität seinem noch älteren Beinahe-Namensvetter (s. u.) überlegen.
215 South 15th Street
Tel. (2 15) 5 45-11 37
1. Kategorie
City Tavern Rekonstruktion des Lokals, wo die Väter der Verfassung zu speisen pflegten. Leider ist das Dekor interessanter als die Küche.
2nd/Walnut Street
Tel. (2 15) 9 23-60 59
2. Kategorie
The Commissary Ein Unikum: ein Selbstbedienungsrestaurant für Feinschmecker. Im oberen Stockwerk (USA Café) Südstaatenküche.
1710 Sansom Street
Tel. (2 15) 5 69-22 40
Unten: 2., oben: 1. Kategorie

Déja Vu Hier ißt man wie in einer opulenten Privatvilla. Erstklassige französische Küche, sehr teuer.
1609 Pine Street
Tel. (2 15) 5 46-11 90
Luxuskategorie
Dickens Inn Englischer Pub auf dem Society Hill.
421 South 2nd Street
Tel. (2 15) 9 28-93 07
1. Kategorie
DiLullo Centro Das beste italienische Restaurant der Stadt.
1407 Locust Street
Tel. (2 15) 5 46-20 00
1. Kategorie
Frög Französisch-amerikanische Küche mit asiatischem Einschlag in einer ehemaligen Bank.
1524 Locust Street
Tel. (2 15) 7 35-88 82
1. Kategorie
The Garden Elegantes Restaurant mit phantasievoller französischer Küche. Im Sommer wird auch im Freien serviert. Wer es gern etwas formloser hat, ißt in der Oyster Bar.
1617 Spruce Street, Tel. (2 15) 5 46-44 55, 1. Kategorie
Old Original Bookbinder's Legendäres, 1865 gegründetes Fischlokal, leider inzwischen hauptsächlich von Touristen frequentiert.
125 Walnut Street
Tel. (2 15) 9 25-70 27
1. Kategorie
La Terrasse In diesem pittoresken Restaurant wird zu französischer Küche Klaviermusik serviert, ausgeführt von Studenten des Curtis Institute. Die nahe Universität erklärt die vielen gelehrten Esser.
3432 Sansom Street
Tel. (2 15) 3 87-37 78
1. Kategorie

Hotels

Barclay Philadelphias nobles, etwas verschlafenes Traditionshotel.
237 South 18th Street (Rittenhouse Square)
Tel. (2 15) 5 45-03 00
1. Kategorie, 240 Zi.
Four Seasons Modernes Luxushotel mit vorzüglichem Service, das beste und teuerste der Stadt.
1 Logan Square
Tel. (2 15) 9 63-15 00
Luxuskategorie, 377 Zi.
Hershey Philadelphia 25 Stockwerke hohes Atrium-Hotel gegenüber der Academy of Music mit In-

---

Bekannte Kunstsammlungen

Naitonal Gallery of Art in Washington
Dieses einzigartige Museum zieht Besucher aus aller Welt an (S. 79 f.).

Philadelphia Museum of Art
Die größte Duchamp-Sammlung der Welt und zahlreiche Kostbarkeiten aus dem Orient (S. 68).

Barnes Foundation in Philadelphia
Französische Impressionisten, alte Meister sowie europäisches und außereuropäisches Kunstgewerbe. Eine der ungewöhnlichsten Kunstsammlungen der Welt (S. 67 f.).

Isabella Stewart Gardner Museum in Boston
Der venezianische Palazzo beherbergt Stücke der italienischen und flämischen Malerei (S. 36).

Museum of Fine Arts in Boston
Ägyptische und asiatische Exponate haben dem Haus internationale Beachtung eingebracht. Sehenswert: die amerikanische Malerei (S. 37).

door-Pool und Gymnastikraum. Gäste können sich kostenlos mit Schokolade stärken (das Hotel gehört dem Hershey-Konzern).
Broad/Locust Street
Tel. (2 15) 8 93-16 00
2. Kategorie, 450 Zi.

Holiday Inn – Independence Mall Näher am historischen Zentrum kann man nicht wohnen.
400 Arch Street
Tel. (2 15) 9 23-86 60
3. Kategorie, 364 Zi.

Latham Gemütliches, intimes Hotel in praktischer Lage.
135 South 17th Street
Tel. (2 15) 5 63-74 74
2. Kategorie, 140 Zi.

Palace Neues Luxushotel mit besonders großen Räumen, viele mit Balkon. Im Sommer Swimmingpool auf der Dachterrasse.
18th Street/Benjamin Franklin Parkway
Tel. (2 15) 9 63-22 22
1. Kategorie, 300 Zi.

Sheraton Society Hill Modernes Hotel in günstiger Lage zwischen Independence Hall und Penn's Landing inmitten des historischen Society-Hill-Distrikts. Hallenbad.
1 Dock Street
Tel. (2 15) 2 38-60 00
1. Kategorie, 365 Zi.

Warwick Elegant modernisiertes ehemaliges Wohnhaus im Tudor-Stil. Hallenbad.
17th/Locust Street
Tel. (2 15) 7 35-60 00
2. Kategorie, 190 Zi.

Wyndham Franklin Plaza 26 Stockwerke hohes Tagungshotel mit Hallenbad, Tennisplätzen und anderen Sporteinrichtungen.
2 Franklin Plaza
Tel. (2 15) 4 48-20 00
1. Kategorie, 760 Zi.

Am Abend

Annenberg Center Ein Theaterkomplex mit vier Spielstätten mitten auf dem Campus der University of Pennsylvania. Hier gastieren häufig Ballette und Broadway-Shows.
3680 Walnut Street
Tel. (2 15) 8 98-67 01, 8 98-67 91

Borgia Café In diesem unterirdischen Bistro können Sie bis 2 Uhr morgens eine Kleinigkeit essen und dazu Jazz live hören.
406 South 2nd Street
Tel. (2 15) 5 74-04 14

Curtis Hall Das Curtis Institute ist neben der Juilliard School of Music in New York die führende Musikhochschule des Landes. In der Curtis Hall finden Kammer- und Solistenkonzerte statt.
1726 Locust Street
Tel. (2 15) 8 93-52 52

Downey's Beliebter irischer Pub, besonders bei Sportlern.
Front/South Street
Tel. (2 15) 6 29-05 26

Jewels Zur Zeit der beste Jazzclub Philadelphias.
670 North Broad Street
Tel. (2 15) 2 36-13 96

Middle East Einer der besten Nachtklubs in Amerika; hier wird noch die hohe Kunst des Bauchtanzes gepflegt.
126 Chestnut Street
Tel. (2 15) 9 22-10 03

Monte Carlo Living Room Dinner-Dance im großen Stil (Jackett und Schlips nicht vergessen!).
2nd/South Street
Tel. (2 15) 9 25-22 20

Philadelphia Orchestra Eines der großen amerikanischen Orchester, berühmt für seinen süffigen Klang. Seit 1980 wird es von Riccardo Muti geleitet. Die Saison dauert von September bis Mai. Im Sommer Freiluftkonzerte im Mann Music Center.
Academy of Music
1420 Locust Street
Tel. (2 15) 8 93-19 00, 8 93-19 30
Mann Music Center, West Fairmount Park
Tel. 5 67-07 07

Polo Bay Populäre Diskothek.
Warwick Hotel, 17th/Locust Street
Tel. (2 15) 5 46-88 00

Philadelphia

Spectacles Immer volle Diskothek mit Video-Effekten.
Sheraton Society Hill Hotel. 1 Dock Street
Tel. (2 15) 2 38-60 00

Service

Auskunft
Fremdenverkehrsbüros:
Convention and Visitors Bureau
1525 John F. Kennedy Boulevard,
Tel. (2 15) 6 36-16 66
Visitors Center
3rd and Chestnut Street
Tel. (2 15) 5 97-89 74/75
Deutscher Honorarkonsul
Dr. Otto Haas
1101 PNB Plaza Building, 5th/Market Street
Tel. (2 15) 9 22-74 16
Geldumtausch
Deak International
Auch Euroschecks ($ 10 pro Scheck)
16 North 17th Street
Öffentliche Verkehrsmittel
Southern Pennsylvania Transportation Authority (SEPTA)
Pläne des Bus- und Trolleybus-Netzes:
Information Center, 841 Chestnut Street
Stadtrundfahrten, Ausflüge
Gray Line Tours
2200 Benjamin Franklin Parkway
Tel. (2 15) 5 69-36 66

Ziele in der Umgebung

Brandywine Valley Im Tal des Brandywine, eines Nebenflüßchens des Delaware, gründete Eleuthère Irénée du Pont, ein französischer Emigrant, der die Revolution mit knapper Not überlebt hatte, 1802 eine Pulverfabrik. Heute steht der Name du Pont für den größten Chemiekonzern der Vereinigten Staaten und für Kunststoffe wie Nylon und Teflon, die die Welt eroberten. Während das Unternehmen von Wilmington aus regiert wird, ging die Familie im Brandywine Valley ihrer Bau-, Garten- und Sammelleidenschaft nach. Vier dieser Landsitze können besichtigt werden (Zufahrt über Wilmington).

Hagley Museum Die alte Pulverfabrik ist heute ein Museum der frühen Industrialisierung Nordamerikas. Auch die Wohnräume der letzten Eigentümerin, die 1958 starb, werden gezeigt.
Von Wilmington aus Route 52, bei Kreuzung mit Route 141 rechts ab
Di–Sa 9.30–16.30 Uhr, So 13–17 Uhr

Longwood Gardens Gärten im englischen, französischen und italienischen Stil mit Springbrunnen, Wasserspielen und riesigen Gewächshäusern. Wenn Sie wenig Zeit haben, sollten Sie sich jedenfalls den Main Fountain Garden ansehen.
Von Wilmington aus Route 52, bei Kreuzung mit Route 1 links ab
Tgl. 10–17 Uhr

Nemours Ein Großenkel des Firmengründers baute sich 1910 dieses opulente Schloß, eine Mischung aus französischem Fürstensitz und Südstaatenplantage.
Highway I-95 (von Wilmington aus in nördlicher Richtung), bei Ausfahrt 8 nördlich ab auf den Concord Pike (Route 202), bei der 2. Ampel links ab auf Rockland Road (Route 141).
Führungen Mai bis Nov. (außer Mo) nach vorheriger Anmeldung: Tel. (3 02) 6 51-69 12

Winterthur Museum and Gardens
Die Perle des Brandywine Valley, Amerikas bedeutendstes Möbelmuseum: In 200 Räumen sind 90 000 Objekte – Möbel, Porzellan, Silber, Teppiche, Gemälde – zu besichtigen. Sie haben die Wahl zwischen ein- und zweistündigen Führungen (Preis: $ 8 und 12.50). Telefonische Voranmeldung ist obligatorisch: (3 02) 8 88-46 00.

Auf Route 52 kurz nach Kirk Road (Route 82) rechter Hand Di–Sa 9.30–17, So 12–17 Uhr (Einlaß bis 15.45 Uhr).

Wenn Ihnen noch Zeit übrigbleibt, sollten Sie einen Blick in das *Brandywine River Museum* in Chadds Ford an der Kreuzung der Straßen 1 und 100 werfen. Ein ganzer Flügel des Museums ist Andrew Wyeth (»Christina's World«, »Helga«) gewidmet, den Traditionalisten für Nordamerikas bedeutendsten Maler halten und der in Chadds Ford lebt.

Pennsylvania Dutch Country
»Dutch« bedeutet im allgemeinen »holländisch«, hier aber ausnahmsweise einmal »deutsch«. Gemeint sind die Amische, eine Gruppe von Mennoniten, die Deutschland Ende des 17. Jh. verließ und sich in Pennsylvania ansiedelte. Heute leben in der Gegend um Lancaster etwa 25 000 ihrer Nachkommen. Sie sind nicht nur den religiösen Überzeugungen ihrer Vorväter – z. B. der Ablehnung jeder Form staatlichen Zwangs – treu geblieben, sondern auch deren Lebensweise: Sie tragen noch immer die Tracht des 17. Jh., sie sprechen einen deutschen Dialekt aus jener Zeit und wollen von neumodischen Erfindungen wie Dampfkraft und Elektrizität nichts wissen. Dabei sind sie keineswegs scheu, sondern veranstalten Führungen durch ihre Farmen. Eine dieser Farmen liegt an der Route 30 zwischen Kinzers und Paradise, eine zweite 3 Meilen östlich von Lancaster auf der Route 462 (2034 Lincoln Highway). 1,5 Meilen weiter östlich auf der Route 462 finden Sie ein Mennonite Information Center (2209 Millstream Road, Tel. (7 17) 2 99-09 54). Auskunft gibt auch das Pennsylvania Dutch Visitors Bureau in Lancaster, 501 Greenfield Road, Tel. (7 17) 2 99-89 01.

Princeton Auf halbem Weg nach New York gelegen, ist das verträumte Städtchen vor allem wegen seiner bedeutenden Universität von Bedeutung. Unter den acht Ivy-League-Universitäten ist Princeton neben Harvard und Yale die angesehenste. 1746 als College of New Jersey gegründet, zog sie zehn Jahre später in die Nassau Hall um, das älteste Gebäude auf dem Campus, leicht zu erkennen an seiner spitzen Laterne. 1783 tagte hier sechs Monate lang der Kongreß. Der Campus – im Norden begrenzt durch die Nassau Street, im Westen und Osten durch University Place und Washington Road – ist überwiegend in einem Stil gehalten, der von Architekten halb liebevoll, halb spöttisch »Collegiate Gothic« genannt wird. Am berühmten Institute of Advanced Studies fand der aus Deutschland verjagte Albert Einstein eine dauernde Bleibe. Bis zu seinem Tode lebte er im Haus 112 Mercer Street. Nachbarn erinnern sich noch gut daran, wie er im Sommer ohne Socken, eislutschend die Straße entlangschlenderte. Nicht weit davon – Ecke Stockton Street/Library Place, heute Sitz des Aquinas Institute – wohnte Thomas Mann, der 1938–40 Gastprofessor in Princeton war.

Washington

In gewisser Weise läßt sich Washington mit Bonn vergleichen: Es ist die Hauptstadt der USA und zugleich Provinz. Was das kulturelle Angebot angeht, ist ihm New York weit überlegen. Seiner Bevölkerung nach steht Washington mit 626 000 Einwohnern (darunter 70 Prozent Schwarze) unter den amerikanischen Städten an 16. Stelle.

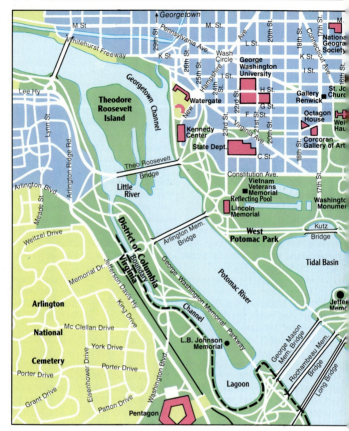

Dagegen führt es seit einigen Jahren die Kriminalitätsstatistik an: 1988 wurden in Washington 369 Menschen umgebracht, das sind, bezogen auf die Einwohnerzahl, doppelt so viele wie in New York. Ein beträchtlicher Teil der Gewaltverbrechen geht auf das Konto von Drogenhändlern, die sich den lukrativen Markt gegenseitig streitig machen.

In administrativer Hinsicht ähnelt Washington dem ehemaligen Westberlin: Die vom »District of Columbia« ins Repräsentantenhaus entsandten Abgeordneten dürfen nicht mitstimmen; im Senat ist der »D. C.« überhaupt nicht vertreten.

Die meisten Sehenswürdigkeiten, die den Touristen interessieren, liegen an oder in unmittelbarer Umgebung der Mall und ihrer südlichen Verlängerung, der Constitution Gardens – eines breiten, drei

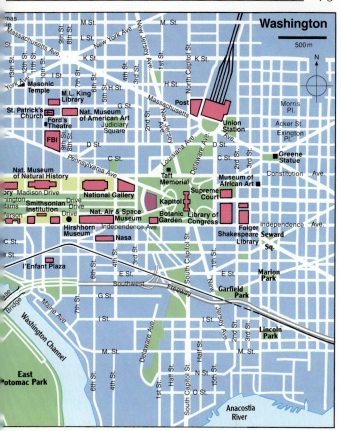

Kilometer langen Grünstreifens, der sich vom Kapitol bis zum Lincoln Memorial erstreckt. Hier finden Sie nicht nur die wichtigsten Regierungsstellen, sondern auch die bedeutendsten Museen und Gedenkstätten.

Der vorherrschende Stil ist der Klassizismus: Die Gründer des Staates fühlten sich dem Ideal der römischen Demokratie verpflichtet, was auch Begriffe wie »Kapitol« und »Senat« erklärt. Der westliche Ausläufer der Mall ist der Amtssitz des Präsidenten der Vereinigten Staaten von Amerika, das Weiße Haus; im Osten liegt das Tidal Basin, ein künstlicher See, mit dem Jefferson Memorial. Obwohl der Soldatenfriedhof und das Pentagon auf dem gegenüberliegenden Ufer des Potomac nicht mehr zum District of Columbia gehören, werden sie hier mitaufgeführt.

Sehenswertes

Arlington National Cemetary Auf diesem berühmtesten Militärfriedhof Amerikas, von dem man einen schönen Blick auf Washington hat, sind mehr als 200 000 gefallene Soldaten beerdigt. Am Grab des Unbekannten Soldaten (vor dem Amphitheater) findet jede volle Stunde Wachwechsel statt, im Sommer alle halbe Stunde. Das meistbesuchte Grab ist freilich das eines Zivilisten – John F. Kennedy (Sheridan Drive). Besuchen Sie auch das Herrenhaus von Robert E. Lee: Der Friedhof war ursprünglich seine Farm. Als er im Bürgerkrieg das Oberkommando der Südstaatenarmee übernahm, wurde das Grundstück als Feindvermögen konfisziert. 22 Jahre später erstritt Lees Sohn vor Gericht eine Entschädigung von 150 000 Dollar. Zufahrt über die Arlington Memorial Bridge. Privatwagen müssen außerhalb parken, organisierte Rundfahrt mit »Tourmobiles«.
Tgl. 8–17 Uhr, im Sommer 8–19 Uhr. Das Lee House schließt bereits um 16.30 Uhr, im Sommer um 18 Uhr.

Federal Bureau of Investigation (FBI) Das Gegenstück zu unserem Bundeskriminalamt ist eine der populärsten Touristenattraktionen Washingtons. Während der gut einstündigen Führung bekommen Sie Mordwaffen, Einbruchswerkzeuge, ein kriminologisches Labor und eine Verbrechergalerie zu sehen. Zwei steckbrieflich gesuchte Verbrecher wurden von Touristen erkannt und gefaßt! Am Ende der Führung stellen die Scharfschützen der Polizei ihre Kunst unter Beweis.
J. Edgar Hoover Building, Pennsylvania Avenue/10th Street
Mo–Fr 9–16.15 Uhr

Ford's Theatre Hier wurde am 14. April 1865 Präsident Lincoln von dem Schauspieler J. W. Booth während einer Aufführung der Komödie »Our American Cousin« erschossen. Das Theater blieb nach dem Attentat für mehr als 100 Jahre geschlossen. 1968 wurde es restauriert und wiedereröffnet. Tagsüber kann es besichtigt werden. Im Untergeschoß sind die Mordwaffe und die Kleider, die Lincoln an jenem verhängnisvollen Abend trug, ausgestellt.
511 10th Street (zwischen E und F Street)
Tgl. 9–17 Uhr, wenn nicht gerade geprobt wird

Jefferson Memorial Dieser griechische Tempel zum Gedenken an den Autor der Unabhängigkeitserklärung und dritten Präsidenten der USA wurde erst 1943 eingeweiht. Vielen gilt er als das schönste Bauwerk Washingtons. Als der Architekt John Russell Pope seinen Entwurf vorlegte, erntete er überwiegend Hohn, und es bedurfte des ganzen Einflusses von Präsident Roosevelt, die Ausführung durchzusetzen. Die Kirschbäume beiderseits des künstlichen Sees vor dem Jefferson Memorial sind ein Geschenk der japanischen Regierung und der Mittelpunkt des Cherry Blossom Festival Anfang April.

Kapitol Das durch seine hohe (79 m) Kuppel weithin sichtbare Bauwerk ist Sitz der beiden Häuser des Kongresses, des Senats (100 Mitglieder) und des Repräsentantenhauses (435 Mitglieder). George Washington legte 1793 den Grundstein zu dem mächtigen Gebäude, das auf Pläne des Franzosen L'Enfant zurückgeht. 1814, im zweiten Krieg gegen das ehemalige Mutterland, brannten die Briten das Kapitol nieder. In der Rotunde unterhalb der Kuppel stellen acht Gemälde Szenen aus der Geschichte der Vereinigten Staaten dar. Hier beginnen jede Viertelstunde Führungen. Der interessanteste Saal ist die Statuary Hall mit ihren 50 Statuen und einer

auffälligen Akustik, die es erlaubte, Gespräche der Gegenpartei mitzuhören. Gegen Vorlage des Passes ist auch Zutritt zu den Sitzungen des Senats (Anmeldung Zimmer S 321) und des Repräsentantenhauses (Anmeldung Zimmer H 154) möglich.
Tgl. 9–15.45 Uhr

Library of Congress Mit 22 Mio. Büchern ist die Library of Congress die größte Bibliothek der Welt. Sie besitzt außerdem 4 Mio. Landkarten und Atlanten, Manuskripte (darunter Jeffersons Entwurf der Unabhängigkeitserklärung), Stradivari-Geigen, 250 000 Filme und vieles mehr. Das älteste und eindrucksvollste der drei Gebäude ist das Thomas Jefferson Building im Stil der italienischen Renaissance. Häufig Konzerte.
Independence Avenue/1st Street
Mo–Fr 8.30–21.30 Uhr, Sa 8.30–17 Uhr. Führungen 9–16 Uhr

Lincoln Memorial Dieser vom Parthenon inspirierte Tempel am südlichen Ende der Constitution Gardens wurde 1922 zu Ehren des »Great Emancipator« errichtet. Die 36 Säulen symbolisieren die 36 Staaten, die den Bürgerkrieg unter sich ausfochten. Im Innern ein 6 m hohes Denkmal des sitzenden Lincoln von Daniel Chester French, an den Wänden seine beiden berühmten Reden – die Rede bei Beginn seiner zweiten Amtszeit und die Gettysburg Address mit der klassischen Definition der Demokratie: »government of the people, by the people, for the people«. Von den Stufen spektakulärer Blick auf das Washington Memorial und das Kapitol – besonders nachts, wenn beide angestrahlt sind.
Rund um die Uhr geöffnet

National Cathedral 1907 legte Präsident Theodore Roosevelt den Grundstein zur »Cathedral Church of St. Peter and St. Paul« (dies ist ihr offizieller Name), aber erst im Oktober 1990 wurde sie fertig. Die gotische Kathedrale ist – nach St. John the Divine in New York – die zweitgrößte Kirche Nordamerikas und die sechstgrößte der Welt, größer als der Kölner Dom.
Mount St. Alban, Wisconsin Avenue/Woodley Road

Pentagon Verteidigungsministerien kann man im allgemeinen nicht besichtigen. Das Pentagon ist eine Ausnahme. 23 000 Menschen arbeiten in dieser festungsähnlichen Anlage auf dem jenseitigen Ufer des Potomac: Es ist das größte Bürogebäude der Welt. Die anderthalbstündige Führung bietet anhand von Filmen, Fotos, Flaggen, Waffen, Schiffs- und Flugzeugmodellen einen Überblick über die amerikanische Militärgeschichte vom Unabhängigkeitskrieg bis zur »Strafaktion« gegen Grenada. Sie müssen Sie sich auf lange Warteschlangen gefaßt machen.
Jefferson Davis Highway, Arlington
Mo–Fr 9.30–15.30 Uhr

Vietnam Veterans Memorial Der – offiziell nie erklärte – Vietnamkrieg war der längste und umstrittenste der US-amerikanischen Geschichte. Auch das 1982 errichtete Denkmal, das siegreich aus einem Wettbewerb mit 1400 Teilnehmern hervorging, wurde keineswegs einmütig gelobt. Es besteht aus zwei 80 m langen, schwarzen Granitwänden, die ein V bilden und nichts weiter enthalten als die Namen der 58 156 gefallenen Amerikaner in chronologischer Reihenfolge. Viele Besucher werden von diesem schlichten Gedenken an die Opfer zu Tränen gerührt. Die traditionelle Gruppe kämpfender Soldaten, die 1984 hinzugefügt wurde, fällt dagegen ab.
Constitution Avenue zwischen Henry Bacon Drive und 21st Street
Zugänglich 8–24 Uhr

Washington Monument Der 169 m hohe Obelisk zwischen Mall und Constitution Gardens ist nicht nur das höchste Gebäude Washingtons, sondern auch die höchste Steinmetzarbeit der Welt. Er wurde 1885 dem ersten Präsidenten der Nation, der auch der Hauptstadt seinen Namen gab, geweiht. Der Rundblick von der Spitze – mit dem Aufzug sind Sie in 70 Sekunden oben – ist nachts besonders lohnend. Auch hier bilden sich am Tag lange Warteschlangen.
Mall/15th Street
Tgl. 9–17 Uhr, April bis Labor Day (1. Mo im September) 8–24 Uhr

Weißes Haus Versuchen Sie einmal in Bonn das Bundeskanzleramt oder die Villa Hammerschmidt zu besichtigen! Sie riskieren eine Nacht im Gefängnis. Anders in Washington: Im Amtssitz des amerikanischen Präsidenten stehen dem Publikum fünf Empfangsräume offen. Am eindrucksvollsten ist der State Dining Room, wo bei Staatsbanketten bis zu 140 Gäste bewirtet werden.
Im allgemeinen wirkt das Haus jedoch erstaunlich privat: Im East Room, wo heute gelegentlich Konzerte oder Bälle stattfinden, hängte die »First Lady« Abigail Adams ihre Wäsche auf. 1963 wurde hier der ermordete Präsident Kennedy aufgebahrt.
Führungen Di–Sa 10–12 Uhr, in den Sommermonaten – zwischen Memorial und Labor Day – 10–12.30 Uhr. Im Sommer Eintritt nur mit Billet, das ab 8 Uhr an den Kiosken der Ellipse (Constitution Avenue/15th Street) zu erwerben ist. Seien Sie vorher da: Die Billetts sind im Nu vergriffen. (Da der Beginn Ihrer Führung genau angegeben wird, haben Sie reichlich Zeit, vor dem Besuch zu frühstücken.) Im übrigen Jahr reihen Sie sich – möglichst schon gegen 9 Uhr – in die Warteschlange am East Gate ein.

Zoo Um einen Zoo zu besichtigen, brauche man nicht nach Amerika zu reisen? Schon recht. Washingtons National Zoological Park bietet jedoch etwas, was sie daheim nicht zu sehen bekommen: die überaus populären Riesenpandas Ling Ling und Hsing Hsing, ein Geschenk der chinesischen Regierung. Die Fütterung findet jeweils um 11 Uhr und um 15 Uhr statt. Insgesamt besitzt der Zoo 500 Tierarten.
3000 Connecticut Avenue
Tgl. 9–16.30 Uhr, Sommer 9–18 Uhr

Treffpunkte

Washington ist vor allem eine Regierungs- und Beamtenstadt. Den Mächtigen nahezukommen – dazu reicht ein kurzer Besuch freilich nicht aus. Schlendern Sie statt dessen durch Georgetown, eine amerikanische Variation zu Schwabing und zum Quartier Latin. In den Bars, Restaurants und Boutiquen treffen Sie nicht nur den Lehr- und Lernkörper der Georgetown University, sondern auch den Rest der Stadt, der sich vom Regieren erholen will. Hier ist auch am späten Abend noch viel los. Geographischer Mittelpunkt des Getriebes ist die Kreuzung M Street/Wisconsin Avenue.

Museen

Für eine Stadt ihrer Größe ist Washington ungewöhnlich reich an Museen. Das liegt vor allem daran, daß hier das größte Museums-Imperium der Welt – die Smithsonian Institution – seinen Sitz hat. Wenn Sie nur begrenzt Zeit haben, sollten Sie zumindest die National Gallery, das Museum of American History und das Air and Space Museum besuchen.

Arthur M. Sackler Gallery Das 1987 eröffnete Museum besitzt eine hervorragende Sammlung asiatischer Kunst. Ein unterirdischer

Museen, in denen sich Kinder wohl fühlen

Museum of Science in Boston
In dieser technischen Wunderwelt darf gespielt und experimentiert werden (S. 37).

Whaling Museum in Cold Spring Harbor
Hier wird die aufregende Geschichte des Walfangs dokumentiert (S. 48).

Franklin Institute in Piladelphia
Das begehbare Herz und der größte Flipperautomat der Welt sind besonders beliebt (S. 68).

Spielzeugmuseum in Philadelphia
Ein Paradies für groß und klein (S. 68).

National Air and Space Museum in Washington
Drachen, Raketen, Zeppeline zeigt das populäre Museum der Stadt (S. 79f.).

National Museum of American History in Washington
Ein gelungenes, buntes Durcheinander (S. 80).

Gang verbindet es mit dem – ebenfalls nagelneuen – National Museum of African Art.
Independence Avenue/10th Street
Tgl. 10–17.30 Uhr

Corcoran Gallery of Art Die amerikanische Kunst vor dem Zweiten Weltkrieg ist den hochmütigen Europäern so gut wie unbekannt. Hier können sie ihre Bildungslücken schließen.
17th Street zwischen E Street und New York Avenue
Di–So 10–16.30 Uhr, Do bis 21 Uhr

Hirshhorn Museum Sammelgebiet ist vor allem amerikanische Gegenwartskunst. Berühmter Skulpturengarten.
Independence Avenue/7th Street
Tgl. 10–17.30 Uhr

National Air and Space Museum
Mit 9 Mio. Besuchern jährlich Washingtons populärstes Museum. Von chinesischen Drachen bis zur Rakete »Apollo II« können Sie hier die Geschichte der Luftfahrt an zahllosen Beispielen nachvollziehen. Auch Montgolfieren, Zeppeline, der »Flyer« der Gebrüder Wright und Charles Lindberghs »Spirit of St. Louis« fehlen nicht. Das Museumskino zeigt mehrfach täglich Filme.
Independence Avenue zwischen 4th und 7th Street
Tgl. 10–17.30 Uhr

National Gallery of Art Eines der großen Museen der Welt. Die Sonderausstellungen im neuen, von I. M. Pei entworfenen Ostflügel ziehen regelmäßig Hunderttausende von Besuchern an. Unter den Meisterwerken im alten Westbau nennen wir Ihnen nur einige, die Sie auf keinen Fall übersehen sollten: Rogier van der Weyden, »Damenbildnis«, Memling, »Darstellung im Tempel«; Clouet, »Diana von Poitiers«; Raffael, »Hl. Georg«; Leonardo da Vinci, »Ginevra Benci« (der einzige Leonardo da Vinci außerhalb Europas); Lippi, »Bildnis eines Jünglings«; Giorgione, »Anbetung der Hirten«; Tizian, »Venus im Spiegel«; Dürer, »Bildnis eines Geistlichen«; Grünewald, »Kleine Kreuzigung«; van Dyck, »Paola Adorno mit ihrem Sohn«; Rembrandt, »Dame mit Straußenfeder«; Vermeer, »Goldwägerin«; Velázquez, »Papst Innozenz X.«; El Greco, »Lao-

koon«; Murillo, »Mädchen mit Duenna«; Goya, »Marquesa von Pontejos«; Gainsborough, »Herzogin von Devonshire«; Poussin, »Speisung des jungen Jupiter«; Fragonard, »Die Schaukel«; Chardin, »Die fürsorgliche Magd«; Corot, »Agostina«; Monet, »Seineufer in Vétheuil«; Renoir, »Mädchen mit Gießkanne«; Picasso, »Die Gaukler«. Beachten Sie auch die amerikanischen Bilder wie Gilbert Stuarts Erstfassung seines Washington-Porträts (die 15 übrigen Fassungen sind alle schwächer), Binghams »Fröhliche Flößer« und die Landschaften von Inness und Homer.
Constitution Avenue zwischen 3rd und 7th Street
Mo–Sa 10–17 Uhr, So 12–21 Uhr

National Museum of American History Dieses bunte und köstliche Durcheinander historischer, kunsthistorischer, technischer und kurioser Erinnerungsstücke gibt Ihnen einen ebenso instruktiven wie unterhaltsamen Einblick in die amerikanische Vergangenheit. Sie finden hier die erste amerikanische Flagge, die Abendkleider der »First Ladies«, Graham Bells erstes Telefon, Edisons Glühbirne, die vollständige Einrichtung eines Automaten-Restaurants aus dem Jahr 1902, Lokomotiven, Dizzy Gillespies Trompete und unendlich viel mehr. *Don't miss it!*
Constitution Avenue zwischen 12th und 14th Street
Tgl. 10–17.30 Uhr

National Museum of Natural History Wen der ausgestopfte Elefant in der Rotunde kaltläßt, der erwärmt sich vielleicht für den Insekten-Zoo. Beim weiblichen Publikum sehr beliebt sind der berühmte Hope-Diamant, der Bombay-Saphir, der einst Mary Pickford gehörte, und die Ohrringe Marie Antoinettes.
Constitution Avenue/10th Street
Tgl. 10–17.30 Uhr

National Museum of Women 1987 zog in Washingtons schönem alten Freimaurertempel Amerikas erstes Frauenmuseum ein. Die meisten Namen hier sind unbekannt. Die berühmten Malerinnen sind leider nur durch Nebenwerke vertreten. Für Feministinnen und Neugierige.
1250 New York Avenue
Di–Sa 10–17 Uhr, So 12–17 Uhr

Phillips Collection Eine sehr persönliche Sammlung hauptsächlich französischer und amerikanischer Kunst.
1600 21st Street
Di–Sa 10–17 Uhr, So 12–19 Uhr

Einkaufen

Die Konzentration von Regierungsstellen, Lobbyisten und Diplomaten hat Washington eine reiche Auswahl guter Läden beschert, deren Preisniveau sich allerdings von dem in New York kaum unterscheidet. Am meisten Spaß macht das Einkaufen in Georgetown: Dort finden Sie nicht nur die größte *shopping mall* der Hauptstadt, sondern auch Boutiquen und zahlreiche andere Spezialgeschäfte aller Art. Eine andere Gegend, die sich zum *window shopping* anbietet, ist die Connecticut Avenue zwischen Dupont Circle und K Street.

Antiquitäten:
Georgetown Antiques Center Ein ganzes Konglomerat von Läden auf zwei Stockwerken.
2918 M Street
GKS Bush Company Americana.
2828 Pennsylvania Avenue/M Street
Marston Luce Quilts, Bauernmöbel und andere Americana.
1314 21st Street

Bücher:
Estate Book Sales Drei Stockwerke voll alter Bücher.
2824 Pennsylvania Avenue/M Street

Washington

Olsson Books and Records Zwei sympathische Buch- und Plattenläden mit riesiger Auswahl.
1307 19th Street (nahe Dupont Circle)
1239 Wisconsin Avenue (zwischen M und N Street)
Yes! Bookshop Spezialgebiete: Okkultismus, *personal growth*.
1035 31st Street/M Street

Einkaufszentren, Kaufhäuser:
Garfinckel's Damen- und Herrenbekleidung, Wäsche, Glas, Porzellan – alles erste Qualität.
1401 F Street
Georgetown Park Washingtons größtes Einkaufszentrum, ein hübsches Beispiel neo-viktorianischer Architektur.
Wisconsin Avenue/M Street

Hecht's Nagelneues Flaggschiff einer schon betagten Kaufhaus-Flotte.
12th/G Street
Mazza Gallerie Dieser Atriumbau am Stadtrand versteht sich als »Washingtons Antwort auf den Rodeo Drive«, die luxuriöse Ladenstraße von Beverly Hills. Das elegante Warenhaus Neiman-Marcus aus Dallas unterhält hier eine Filiale.
5300 Wisconsin Avenue
Woodward & Lothrop Washingtons ehrwürdiges Traditionshaus wird z. Zt. restauriert.
11th/F Street

Kleidung:
Alcott & Andrews Hier findet die zweckmäßig denkende, berufstätige Frau alles, was sie braucht.
2000 Pennsylvania Avenue
Britches of Georgetown Modische und traditionelle Kleidung für den gutverdienenden Herrn.
1357 Wisconsin Avenue
Commander Salamander Ein Paradies für Punks und andere Exzentriker.
1420 Wisconsin Avenue

The Gap Filiale der landesweiten Jeans-Kette.
1217 Connecticut Avenue
Georgetown University Shop Für den Herrn, der den Stil der Ivy League schätzt.
1248 36th Street
Lord & Taylor Kleinere Ausgabe des New Yorker Mutterhauses.
5225 Western Avenue
Polo/Ralph Lauren Sportlich-elegante Damen- und Herrenkleidung mit britischer Note.
1220 Connecticut Avenue

Kunsthandwerk:
Appachalachian Spring Keramik, Puppen, Quilts und anderes Kunstgewerbe aus Amerika.
1415 Wisconsin Avenue/P Street
The Craft Shop Importe aus der ganzen Welt. Der Erlös kommt notleidenden Kindern zugute.
1341 Connecticut Avenue
Indian Craft Shop Kunstgewerbe aus den Indianerreservaten. Beim Betreten des Gebäudes, das auch das Innenministerium beherbergt, müssen Sie sich ausweisen.
18th/C Street

Schallplatten:
Tower Records Riesige Auswahl klassischer und populärer Musik.
2000 Pennsylvania Avenue

Restaurants

Bacchus Enges, immer volles Restaurant mit libanesischer Küche.
1827 Jefferson Place (zwischen M und N Street)
Tel. (2 02) 7 85-07 34
2. Kategorie
La Colline Populäre Brasserie mit einfallsreichen Gerichten.
400 North Capitol Street
Tel. (2 02) 7 37-04 00
1. Kategorie
Dominique Effektvoll inszeniertes Bistro mit französischen Standardgerichten, aber auch ausgefallenen Sachen wie Klapperschlange oder

»Kangaroo-Bourguignon«. Exotische Desserts.
1900 Pennsylvania Avenue
Tel. (2 02) 4 52-11 26
1. Kategorie

Le Lion d'Or Die beste französische Küche am Ort, mehr traditionell als »nouvelle«, serviert im Ambiente eines eleganten Landhauses.
1150 Connecticut Avenue
Tel. (2 02) 2 96-79 72
Luxuskategorie

Maison Blanche Einen Block vom anderen »Weißen Haus« entfernt, können Sie hier Kabinettsmitglieder und Diplomaten beim Tafeln beobachten. Aus der Plazierung der Gäste ziehen Klatschkolumnisten gern politische Schlußfolgerungen.
1725 F Street
Tel. (2 02) 8 42-00 70
Luxuskategorie

Morton's of Chicago Washingtons bestes Steakhaus, lange Warteschlangen.
3251 Prospect Street/Wisconsin Avenue
Tel. (2 02) 3 42-62 58
Luxuskategorie

Occidental Grill Für einen kleinen Snack eignet sich dieser restaurierte Nobelgrill vorzüglich (Spezialität: Schwertfisch-Sandwich). Obendrüber, im Restaurant »Occidental«, geht es förmlicher zu.
1475 Pennsylvania Avenue (Williard Complex)
Tel. (2 02) 7 83-14 75
2. Kategorie

Old Ebbitt Grill Washingtons ältester (1846), höchst pittoresker »Saloon« mit mehreren Bars und Speiseräumen. Die Küche ist, wie die Amerikaner sagen, *so-so*.
675 15th Street (zwischen F und G Street)
Tel. (2 02) 347-48 01
2. Kategorie

Le Pavillon Exquisite und sehr teure Nouvelle cuisine.
1050 Connecticut Avenue
Tel. (2 02) 8 33-38 46
Luxuskategorie

Prime Rib Traditionelle amerikanische Küche hoher Qualität. Versuchen Sie das Rippenstück (prime rib) oder Krebse (crab imperial).
2020 K Street,
Tel. (2 02) 4 66-88 11
1. Kategorie

21 Federal Phantasievolle, dabei leichte amerikanische Gerichte.
1736 L Street
Tel. (2 02) 3 31-97 71
1. Kategorie

Vincenzo Vorzügliche italienische Fischgerichte, kein Fleisch.
1616 20th Street
Tel. (2 02) 6 67-00 47
1. Kategorie

Willard Room Hier fühlen Sie sich wie in einem Bühnenbild von »La Traviata« – festlich. Küche und Service sind dem Dekor glücklicherweise gewachsen.
Willard Hotel, 1401 Pennsylvania Avenue
Tel. (2 02) 6 37-74 40
Luxuskategorie

Hotels

Washington ist mit Hotels außergewöhnlich gut versorgt. Ebenso wie in New York gehören die meisten allerdings den obersten Preisklassen an. Wenn Sie sparen wollen, legen Sie Ihren Besuch am besten auf ein Wochenende: Dann locken auch die Luxushotels mit verführerischen Rabatten.

Four Seasons Gediegener Luxus am Rande von Georgetown. Verlangen Sie ein Zimmer mit Blick auf den Kanal.
2800 Pennsylvania Avenue
Tel. (2 02) 3 42-04 44
Luxuskategorie, 203 Zi.

Georgetown Inn Wenn Sie im Herzen Georgetowns und außerdem in einem Himmelbett schlafen wollen, dann sind Sie in diesem romantischen Hotel richtig.
1310 Wisconsin Avenue
Tel. (2 02) 3 33-89 00
1. Kategorie, 95 Zi.

Washington

Grand Hotel Europäische Eleganz in Gehweite zu Georgetown.
2350 M Street
Tel. (2 02) 4 29-01 00
Luxuskategorie, 262 Zi.

Grand Hyatt Neuester Zuwachs der hauptstädtischen Hotelfamilie. Theatralische Atrium-Lobby mit Wasserspielen, luxuriöse Zimmer.
1000 H Street
Tel. (2 02) 5 82-12 34
1. Kategorie, 907 Zi.

Hay-Adams Intimes, vornehmes Haus in der großen europäischen Tradition. Die Zimmer mit Blick auf das Weiße Haus sind die begehrtesten.
1 Lafayette Square
Tel. (2 02) 5 38-66 00
Luxuskategorie, 143 Zi.

Holiday Inn Central Die internationale Hotelkette bietet dem preisbewußten Gast alles, was er für die Nachtruhe braucht, außerdem gibt es einen Swimmingpool auf dem Dach.
1155 13th Street (Thomas Circle)
Tel. (2 02) 7 37-12 00
3. Kategorie, 208 Zi.

Omni Shoreham Unpersönliches Tagungshotel aus der Art-deco-Epoche mit Swimmingpool und Tennisplätzen. Hier finden seit 1932 die »Inaugural Balls« nach Einführung eines neuen Präsidenten statt.
2500 Calvert Street
Tel. (2 02) 2 34-07 00
1. Kategorie, 770 Zi.

Phoenix Park Ein Geheimtip: ein intimes Luxushotel zu – relativ – günstigen Preisen. Wundern Sie sich nicht, wenn Sie im Hotel-Restaurant »Powerscourt« Mitglieder des Kongresses treffen: Das Kapitol liegt um die Ecke.
520 North Capitol Street
Tel. (2 02) 6 38-69 00
1. Kategorie, 88 Zi.

Radisson Park Terrace Stilvolles Haus, europäische Atmosphäre.
1515 Rhode Island Avenue
Tel. (2 02) 2 32-70 00
1. Kategorie, 222 Zi.

Ramada Inn Central Noch ein ordentliches Kettenhotel für den Reisenden, der auf sein Budget achten muß. Swimmingpool auf dem Dach.
1430 Rhode Island Avenue
Tel. (2 02) 4 62-77 77
3. Kategorie, 186 Zi.

Ramada Renaissance Dieselbe Hotelkette bietet auch diese elegantere Alternative an.
1143 New Hampshire Avenue
Tel. (2 02) 7 75-08 00
2. Kategorie, 350 Zi.

Tabard Inn Ein viktorianisches Landhaus im Herzen Washingtons.
1739 N Street
Tel. (2 02) 8 33-26 68
2. Kategorie, 40 Zi.

The Washington Seit 1918 in Betrieb, vor kurzem generalüberholt. Praktisch die Nähe zum Weißen Haus.
15th Street/Pennsylvania Avenue
Tel. (2 02) 6 38-59 00
2. Kategorie, 350 Zi.

The Watergate Teil der in die Geschichte eingegangenen Wohnanlage gegenüber dem Kennedy Center. Hier steigt der Bundeskanzler ab, wenn er seinen »guten Freund« George besucht. Hallenbad.
2650 Virginia Avenue
Tel. (2 02) 9 65-23 00
Luxuskategorie, 238 Zi.

Willard Inter-Continental 1847 gebaut, 1986 glanzvoll restauriert, ist dieses monumentale Prunkhotel, das so viele berühmte Gäste beherbergt hat, heute wieder die Nummer Eins der hauptstädtischen Hotellerie. Auch wenn Sie hier nicht absteigen, sollte Sie wenigstens einen Blick in die Lobby und die Ladenstraße (»Peacock Alley«) werfen.
1401 Pennsylvania Avenue
Tel. (2 02) 6 28-91 00
Luxuskategorie, 395 Zi.

Am Abend

Blues Alley Washingtons führendes Jazzlokal mit täglich zwei Shows, am Wochenende freier Ein-

Die Library of Congress ist die größte Bibliothek der Welt

tritt! Die Preise variieren je nach Programm. Unbedingt reservieren!
Blues Alley (hinter 1073 Wisconsin Avenue)
Tel. (2 02) 7 37-41 41

Cities »Dekonstruktionistische«, bei Weiß und Schwarz beliebte Disko mit Restaurant und Video.
2424 18th Street
Tel. (2 02) 3 28-71 94

D. C. Space Originelle Mixtur aus Kunstgalerie, Kabarett, Theater und Jazzkeller. Hier wechseln sich lesende Dichter, Reggae-Musiker und »Performance-Künstler« ab. Snacks und Drinks.
443 7th Street (bei E Street)
Tel. (2 02) 3 47-14 45, 3 47-49 60

Evening Parade Überaus populäre Musikparade der Marines von Mitte Mai bis Mitte September, jeweils freitags um 20.30 Uhr. Eintritt frei, aber Reservierung erforderlich.
Marine Barracks, 8th/I Street
Tel. (2 02) 4 33-60 60

Ford's Theatre In diesem Theater, wo Abraham Lincoln ermordet wurde, stehen heute hauptsächlich experimentelle Stücke auf dem Programm. Zur weihnachtlichen Tradition gehört allerdings die Aufführung von Dickens' »Christmas Carol«.
511 10th Street (zwischen E und F Street)
Tel. (2 02) 3 47-48 33

F. Scotts' Das Publikum in dieser Bar ist, was der Amerikaner *sophisticated* nennt. Namenspatron ist F. Scott Fitzgerald, glanzvollster Autor des »jazz age« 1925 und dessen extravaganten Lebens.
1232 36th Street (zwischen N und Prospect Street)
Tel. (2 02) 3 42-00 09

Kennedy Center Kulturzentrum nach dem Vorbild des New Yorker Lincoln Center. In der Oper sind häufig Musicals zu sehen; im Konzertsaal spielt das meist nur mittelprächtige National Symphony Orchestra.
New Hampshire Avenue/Rock Creek Parkway

Washington

Tel. (2 02) 2 54-36 00 (Programm-Auskunft), Tel. (2 02) 8 57-09 00 (Kartenbestellung)
National Theatre Eine der ältesten (1835) ohne Unterbrechung bespielten Bühnen des Landes, häufig mit Broadway-Shows.
1321 Pennsylvania Avenue
Tel. (2 02) 6 28-61 61
River Club Eleganter Art-deco-Tanzklub im Stil der zwanziger Jahre. Gutes Restaurant.
3223 K Street
Tel. (2 02) 3 33-81 18
Rumors Überfüllte Singles-Bar.
19th/M Street
Tel. (2 02) 4 66-73 78
Folger Shakespeare Theatre Die auf Shakespeare spezialisierte Folger Library beherbergt ein Theater im elisabethanischen Stil, in dem von Oktober bis Juni Stücke des Namenspatrons aufgeführt werden. Besichtigen können Sie das Haus aber auch außerhalb der Saison.
201 East Capitol Street
Tel. (2 02) 5 46-40 00
Twilight Tatoo Volkstümlicher Zapfenstreich der U. S. Army Band und der »Old Guard« in den Sommermonaten jeweils mittwochs um 19 Uhr. Höhepunkt ist Tschaikowskis »Ouvertüre 1812«, im August mit richtigen Kanonen. Kommen Sie früh, und bringen Sie eine Decke und etwas Nahrhaftes mit.
Ellipse, Constitution Avenue zwischen 15th und 17th Street
Tel. (2 02) 6 96-37 18

Service

Auskunft
Fremdenverkehrsbüros:
Washington Visitors Information Center
Pennsylvania Avenue zwischen 14th und 15th Street
Tel. (2 02) 7 89-70 00
International Visitors Information Service
733 15th Street, Suite 300
Tel. (2 02) 7 83-65 40

Botschaften
Bundesrepublik Deutschland
4645 Reservoir Road
Tel. (2 02) 2 98-40 00
Österreich
2243 Massachusetts Avenue
Tel. (2 02) 4 83-44 74
Schweiz
2900 Cathedral Avenue
Tel. (2 02) 7 45-79 00
Deutsche Zeitungen
World News
1825 I Street
Geldumtausch
Deak International
Auch Euroschecks (Gebühr: $ 10)
Ruesch International Monetary Services
1140 19th Street, auch Sa (10–14 Uhr) geöffnet
Öffentliche Verkehrsmittel
Metrorail (U-Bahn)
Pläne (»All About Metro«) an jeder Station
Stadtrundfahrten
Old Town Trolleys
Zweistündige, beliebig oft zu unterbrechende Rundfahrt mit insgesamt 16 Stops.
Busse verkehren halbstündlich 9–16 Uhr, im Sommer 9–20 Uhr.
Preis: $11, Studenten und Senioren $9, Kinder frei.
Tourmobiles
Beliebig oft zu unterbrechende Rundfahrt in offenen Bussen mit 15 Stops (einschließlich Arlington Cemetary).
Busse verkehren alle 20–30 Minuten 9.30–16.30 Uhr, im Sommer 9–18.30 Uhr.
Preis: $7, Kinder $3.50. Wer nur den Arlington-Friedhof besichtigen will, zahlt weniger.

Ziele in der Umgebung

Annapolis Wenn Sie unserem Rat folgen und Washington via Cape May/Lewes ansteuern, kommen Sie ohnehin über Annapolis, die Hauptstadt von Maryland. Das gemütliche Hafenstädtchen besitzt nicht nur das älteste Kapitol des Landes und hübsche Häuser aus der Kolonialzeit; es ist auch das Gegenstück zu West Point: Hier finden Sie die berühmte U.S. Naval Academy, die Ausbildungsstätte der amerikanischen Kriegsmarine.

Das Gelände ist frei begehbar. Sie können sich aber auch im Visitor Information Center (Einfahrt durch Gate 1, King George Street) einer Führung anschließen, die Sie in die Gebäude hineinführt, z.B. in die Bancroft Hall, das größte Dormitorium der Welt, wo sämtliche 4600 Kadetten (darunter 400 Frauen) nächtigen. Sehr sehenswert auch das Museum mit 50000 Objekten aus der Geschichte der Kriegsmarine.

Mo–Sa 9–16 Uhr, So 11–16 Uhr.

Mount Vernon Bonn wurde Bundeshauptstadt, da Rhöndorf, der Wohnsitz Konrad Adenauers, für diesen Zweck wirklich zu klein war. Ähnliches geschah mit Washington: Es wurde unweit von Mount Vernon gegründet, dem Landsitz des Befehlshabers der siegreichen amerikanischen Truppen, und sogar nach ihm benannt. Heute ist Mount Vernon das klassische Ausflugsziel an Sommerwochenenden (Zufahrt über George Washington Parkway/Mount Vernon Memorial Highway). Zu sehen ist ein nobles Pflanzerhaus aus dem 17. Jh., eingerichtet, wie es Washington bei seinem Tode hinterließ. Er und seine Frau Martha sind auf dem Grundstück begraben.

März–Okt. tgl. 9–17 Uhr. Nov. bis Feb. 9–16 Uhr

Geschichte auf einen Blick

25.12.1620   Die »Pilgerväter« gehen in Plymouth an Land.
1636   Harvard, die älteste amerikanische Universität, wird gegründet.
1692/93   Hexenprozesse in Salem.
5.3.1770   Das »Boston Massacre« gilt als erster Schritt zum Abfall der 13 Kolonien.
16.12.1773   »Boston Tea Party«: Als Indianer verkleidete Siedler überfallen drei Schiffe der East India Company und werfen den geladenen Tee ins Meer.
19.4.1775   Beginn des Befreiungskrieges: erste Scharmützel in Lexington und Concord.
4.7.1776   Die 13 Kolonien erklären in Philadelphia ihre Unabhängigkeit von der britischen Krone.
19.10.1781   Die britische Armee kapituliert bei Yorktown.

3.9.1783   Friede von Paris: Großbritannien erkennt die Unabhängigkeit der USA an.
17.9.1787   Die Verfassung wird unterzeichnet. Sie wird 1791 durch einen Grundrechtekatalog (»Bill of Rights«) ergänzt.
1789–96   George Washington erster Präsident der USA.
1803   Die USA kaufen Frankreich Louisiana für 15 Mio. Dollar ab: Verdopplung des Staatsgebiets.
1812–14   Neuer Krieg gegen England.
24.8.1814   Briten besetzen Washington und verbrennen Kapitol und Weißes Haus.
24.12.1814   Friede von Gent: Wiederherstellung des Status quo; USA verzichten auf die Annexion von Kanada.
2.12.1825   Präsident Monroe warnt die europäischen Mächte,

Geschichte auf einen Blick

sich in der westlichen Hemisphäre einzumischen (»Monroe-Doktrin«).
1829–36 Andrew Jackson Präsident, Einführung des *spoils system*, der parteipolitischen Ämterpatronage.
1845–48 Krieg gegen Mexiko: Die USA gewinnen Texas und den Westen und erreichen damit die Ausdehnung des Landes bis zum Pazifik.
12.4.1861 Die Südstaaten beschießen Fort Sumter im Hafen von Charleston: Beginn des Sezessionskrieges.
1.1.1863 Präsident Lincoln erklärt alle schwarzen Sklaven für frei.
1.–3.7.1863 Schlacht bei Gettysburg.
9.4.1864 General Lee, der Oberkommandierende der Südstaaten, kapituliert bei Appomatox.
14.4.1865 Präsident Lincoln wird ermordet.
1867 Rußland verkauft Alaska an die USA für 7,2 Mio. Dollar
1896 Im Urteil »Plessy vs. Ferguson« erklärt das Oberste Gericht die Rassentrennung für verfassungsmäßig.
1898 Krieg gegen Spanien: Puerto Rico und die Philippinen werden annektiert, Kuba wird amerikanisches Protektorat.
6.12.1904 Präsident Theodore Roosevelt beansprucht Polizeigewalt über die westliche Hemisphäre (»Roosevelt Corollary«).
6.4.1917 Amerika tritt in den Ersten Weltkrieg ein.
1919–33 Prohibition: Statt den Alkoholkonsum einzudämmen, fördert sie den Schmuggel und die Mafia.
26.4.1920 Frauen werden wahlberechtigt.
24.10.1929 »Schwarzer Donnerstag« an der New Yorker Börse: Beginn der Weltwirtschaftskrise (»Depression«).
14.8.1935 Social Security Act: Einführung der Arbeitslosenversicherung, Alters- und Witwenrente.
11.3.1941 Der Lend-Lease Act gibt dem Präsidenten freie Hand, das vom Krieg bedrängte England zu unterstützen.
7.12.1941 Japanischer Angriff auf Pearl Harbor: Kriegseintritt der USA.
12.3.1947 Die amerikanische Regierung sagt allen Völkern, die um ihre Freiheit kämpfen, Hilfe zu (»Truman-Doktrin«). Beginn des »Kalten Krieges«.
28.9.1949 Die USA wirft den Grundsatz der Bündnisfreiheit (»No entangling alliances«) über Bord und tritt der NATO bei.
1950–53 Korea-Krieg.
1953–54 Kommunistenjagd des Senators Joseph McCarthy.
17.5.1954 Im Urteil »Brown vs. Board of Education of Topeka« erklärt das Oberste Gericht die Rassentrennung für verfassungswidrig.
Oktober/November 1962 Kuba-Krise: Nachdem Präsident Kennedy die Blockade Kubas angeordnet hat, zieht die Sowjetunion ihre Raketen von der Insel ab.
22.11.1963 Präsident Kennedy wird ermordet.
7.8.1964 Der Kongreß ermächtigt Präsident Johnson, Angriffen Nordvietnams mit militärischen Mitteln entgegenzutreten: wichtigster Meilenstein auf Amerikas Weg in den – offiziell nie erklärten – Vietnamkrieg.
17.6.1972 Einbruch in das demokratische Wahlbüro im »Watergate«-Wohn- und Hotelkomplex. Beginn der »Watergate-Affäre«.
25.1.1973 Pariser Friedensvertrag zwischen den USA und Nord- und Südvietnam.
9.8.1974 Richard Nixon tritt – als erster amerikanischer Präsident – zurück.
1989 Der Präsidentschaftskandidat der Demokraten Michael Dukakis unterliegt dem Republikaner George Bush und kehrt auf seinen Gouverneurssessel nach Massachusetts zurück.

Info

Auskunft

In der Bundesrepublik Deutschland, Österreich und der Schweiz:
Fremdenverkehrsamt der USA
Bethmannstr. 56
6000 Frankfurt/M.
Tel. 0 69-29 52 11
Mo–Fr 9–17 Uhr
In den USA: → bei den jeweiligen Orten

Auto

Außerhalb New Yorks das gegebene Transportmittel. Mieten Sie Ihren Wagen am besten schon von Europa aus. Für den Fall, daß Sie sich erst in Amerika dazu entschließen, hier die (kostenfreien) Telefonnummern der bekanntesten Agenturen: Avis 1-8 00-3 31-12 12, Budget 1-8 00-5 27-07 00, Hertz 1-8 00-6 54-31 31. Der deutsche (österreichische, Schweizer) Führerschein wird anerkannt. Raser werden allerdings auf eine harte Probe gestellt. Die gesetzliche Höchstgeschwindigkeit ist 55 Meilen (83 km) pro Stunde. De facto wird auf vielen Autobahnen 100 km/h gefahren.

Bahn

Die Hauptorte der Ostküste (Boston, New York, Philadelphia, Washington) sind durch eine Eisenbahnlinie (Amtrak) verbunden. Der New Yorker Bahnhof ist Penn Station (33rd Street/7th Avenue, Auskunft Tel. 7 36/45 45, über Schnellzüge (Metroliner) 7 36-39 67). Von Penn Station verkehren auch Züge nach Long Island.

Bus

Unter den Überland-Buslinien haben Greyhound Trailway Lines das größte Netz. Der New Yorker Kopfbahnhof ist der Port Authority Terminal (41st Street/8th Avenue, Tel. 9 71-63 63).

Camping

Es gibt rund 20 000 Campingplätze in den USA. Über die Lokalitäten unterrichten Sie mehrere Führer wie der Campground and Trailer Park Guide (Verlag Rand McNally) oder das Campground Directory (Woodall's).

Diplomatische Vertretung

In Deutschland, Österreich und der Schweiz:
Botschaft der Vereinigten Staaten
Deichmanns Aue 2
5300 Bonn 2
Tel. 02 28-89 55
Mo–Fr 9–12 Uhr

Amerikanische Botschaft in Österreich
Boltzmanngasse 16 a
A-1090 Wien
Tel. 02 22-31 55 11
Mo, Mi, Fr 9–12, 13–16.30 Uhr, Di–Do 9–12 Uhr

Amerikanische Botschaft in der Schweiz
Jubiläumstr. 93
CH-3006 Bern
Tel. 0 22-43 70 11
Mo–Fr 9–12, 14.30–16 Uhr

In den USA: → bei den jeweiligen Orten

Feiertage

Gesetzliche Feiertage, an denen Behörden, Banken und manche Museen geschlossen sind, aber keineswegs alle Geschäfte:
Neujahr (1. Januar)
Martin Luther King's Birthday (dritter Montag im Januar)
Lincoln's Birthday (12. Februar)
Washington's Birthday (dritter Montag im Februar)
Memorial Day (letzter Montag im Mai)

Reizvolles Mittelgebirge: Sonnenuntergang in den Berkshires

Independence Day (4. Juli)
Labor Day (erster Montag im September)
Columbus Day (zweiter Montag im Oktober)
Veteran's Day (11. November)
Thanksgiving (dritter Donnerstag im November)
Weihnachten (25. Dezember)

FKK

Offiziell ausgewiesene Nacktbadestrände kennt man in den puritanischen USA nicht. Was nicht heißt, daß man an abgelegenen Abschnitten nicht auch einmal die Hüllen fallen läßt.

Flug

Auch kleinere Orte haben ihren Flugplatz. Besonders praktisch ist der »Shuttle«, der von New York (La Guardia Airport) nach Boston und Washington verkehrt. Keine Platzreservierung: Es genügt, eine Viertelstunde vor Abflug dazusein. Flugzeit je 1 Stunde, Preis: ca. $ 100. Der Trump Shuttle verläßt New York jeweils zur vollen Stunde und garantiert die Mitnahme. Der PanAm-Shuttle fliegt jeweils zur halben Stunde.

Geld

Der Wert des amerikanischen Dollars schwankt derzeit erheblich. Geldscheine von mehr als $ 50 sind wenig empfehlenswert, da manche Geschäfte zögern, sie anzunehmen. Taxifahrer weigern sich sogar oft, auf $ 20 herauszugeben. Kleingeld brauchen Sie vor allem zum Busfahren und Telefonieren. Die Münzen heißen *quarter* (25 Cent), *dime* (10 Cent), *nickel* (5 Cent) und *penny* (1 Cent). Es ist ratsam, nicht allzuviel Bargeld mit sich zu führen. Beträge über 20 Dollar werden von Amerikanern mit der Kreditkarte bezahlt; am meisten verbreitet sind American Express und Visa/Mastercard. Euroschecks werden nicht angenommen. Wer nach Amerika ohne Kreditkarte reist, gleicht daher jenen Touristen, die die Alpen in Sandalen besteigen. Die amerikanischen Banken sind keine Wechselstuben. Wenn Sie Bargeld tauschen wollen, müssen Sie sich zu spezialisierten Devisenhändlern bemühen, die wenig günstige Kurse bieten. Die Adressen dieser Devisenhändler finden Sie im Informationsteil der Abschnitte Boston, Philadelphia und Washington.

Jugendherbergen

Die Young Men's Christian Association (YMCA), die trotz ihres Namens auch Frauen zuläßt, unterhält ein dichtes Netz preiswerter Jugendherbergen. Eine Liste erhalten Sie entweder über den
CVJM
Am Wollmarkt 9–12,
3300 Braunschweig
oder »vor Ort«, z. B. in New York
YMCA
346 West 34th Street, N. Y. 10001
Tel. (2 12) 7 60-58 50
Eine zweite Organisation nennt sich: American Youth Hostels
75 Spring Street, New York
N. Y. 10012
Tel. (2 12) 4 31-71 00.

Kinder

Amerika ist ein kinderfreundliches Land. Viele Hotels berechnen für Kinder bis 12 Jahre keinen Aufschlag auf den Zimmerpreis. Die meisten Restaurants servieren eine halbe Portion für ein von Erwachsenen begleitetes Kind. Auch in öffentlichen Verkehrsmitteln zahlen Kinder im allgemeinen die Hälfte. Einige Museen sind bei Kindern besonders beliebt, z. B. das Museum of Science in Boston, das Spielzeugmuseum in Philadelphia und das National Air and Space Museum in Washington.

Klima

Boston und Washington, der nördlichste und der südlichste Ort unseres Reisegebiets, liegen auf der Höhe von Rom und Palermo. Daraus ersehen Sie schon, daß die Sommermonate heiß, häufig auch sehr schwül sind.
An der See wird die Hitze im allgemeinen durch eine frische Brise gemildert. Die Winter können dagegen recht kalt werden: Schnee und eisige Temperaturen gehören in Neuengland zum Alltag. Aber auch Washington ist gegen Schnee keineswegs gefeit. Die angenehmsten Reisezeiten sind der Frühling und der Herbst.

Museen

Die Eintrittspreise ändern sich ständig, oft sogar von einem Tag auf den anderen. Auf Angaben haben wir dafür weitgehend verzichtet. Häufig wird ein »freiwilliger Obolus« erwartet.

Paß, Visum

Zur Einreise in die USA brauchen Sie einen gültigen Reisepaß. Die Visumpflicht wurde im Juli 1989 für Deutsche, Schweizer und andere Westeuropäer aufgehoben, die nicht länger als 90 Tage bleiben. Voraussetzung ist allerdings, daß die Fluglinie, mit der Sie reisen, für ihre Kunden eine generelle Aufhebung der Visumpflicht beantragt hat und daß dieser Antrag positiv beschieden wurde. Bei den großen internationalen Fluglinien ist dies im allgemeinen der Fall, nicht jedoch bei Chartergesellschaften. Erkundigen Sie sich also rechtzeitig! Eine zweite Voraussetzung ist, daß der Reisende eine feste Buchung für den Rückflug vorweist und genügend Geld bei sich hat, um nicht in den Verdacht zu geraten, er wolle in Amerika arbeiten. Österreicher benötigen weiterhin ein Visum.

Polizei-Notruf, Krankenwagen

Tel. 911 (diese Nummer gilt überall)

Post

Luftpostbriefe bis zu einer halben Unze (14 Gramm) nach Europa kosten 45 Cents; rechnen Sie mit einer durchschnittlichen Beförderungsdauer von 5 Tagen. Schiffspost dauert 5 Wochen. Telefon und Post sind getrennte Unternehmen. Auch Telegramme werden nicht bei der Post, sondern in einem der zahlreichen Büros von Western Union aufgegeben.

Stromspannung

120 Volt. Da amerikanische Steckdosen nicht für runde, sondern für flache Kontaktstifte gemacht sind, sollten Sie schon vor Beginn Ihrer Reise einen Zwischenstecker kaufen (in jedem Elektrogeschäft erhältlich).

Taxi

Das in New York übliche Verfahren, Taxis auf der Straße heranzuwinken, funktioniert andernorts nur sehr bedingt. Zwar sind Taxen an den größeren Flughäfen und Bahnhöfen in ausreichender Zahl vorhanden. Alle anderen sollten Sie jedoch rechtzeitig von Ihrem Hotel vorbestellen lassen. In Washington gilt das orientalische »Dolmusch«-System: Der Taxifahrer kann andere Passagiere zuladen; gezahlt wird nicht nach Taxameter, sondern einem Zonenplan, der in den Taxis aushängt.

Telefonieren

Das Telefonieren liegt nicht – wie bei uns – in den Händen einer Ministerialbürokratie, sondern privater Unternehmen und ist daher weitaus kundenfreundlicher und billiger. Die Tarife für Ferngespräche schwanken je nach Tageszeit. Bei Anrufen in einen anderen Telefonbereich wird eine 1 vorgewählt. Danach folgt die eigentliche Ortskennziffer: Boston 6 17, Connecticut 2 03, Long Island 5 16, New York 2 12 (Manhattan und Bronx) und 7 18 (Brooklyn, Queens, Staten Island), Philadelphia 2 15, Rhode Island 4 01, Washington 2 02. Massachusetts und New Jersey haben mehrere *area codes*. In Zweifelsfällen geben wir die Vorwahlnummer mit an. Vorwahl für die Bundesrepublik Deutschland: 0 11-49, Österreich: 0 11-43, Schweiz: 0 11-41, danach die Ortskennziffer ohne Null. Seit kurzem kann man auch von den USA aus gebührenfreie R-Gespräche in die Bundesrepublik führen. Über die Nummer 1-8 00-2 92-00 49 bekommt man die deutsche Vermittlung in Frankfurt. Telefonzellen sind überall leicht zu finden. Wenn Ihnen die Straße zu laut ist, telefonieren Sie von einem Hotel aus oder von der Lobby eines Bürogebäudes. Sie können von einem öffentlichen Telefon aus auch Ferngespräche führen: Kleingeld nicht vergessen. Wählen Sie 0, und der *operator* wird Ihnen sagen, wieviel Geld Sie einwerfen müssen. Auskunft: 1-Ortskennzahl-5 55-12 12.

Trinkgeld

Europäer sind in Amerika wegen ihrer Knausrigkeit verschrien. Viele Touristen wissen nicht, daß in amerikanischen Restaurants das Trinkgeld nicht inbegriffen ist. Der Kellner kann einen Aufschlag von 15 Prozent erwarten, ebenso der Taxifahrer. In Hotels brauchen Sie Trinkgelder nur für besondere Leistungen zu zahlen, z. B. dem Gepäckträger $ 2 für den ersten Koffer und $ 1 für jeden weiteren. Die Garderobenfrau erwartet, wenn sie Ihnen den Mantel zurückgibt, $ 1. Anders als in Frankreich, geht die Platzanweiserin im Theater leer aus.

Zeit

Bei der Ankunft an der Ostküste der USA müssen Sie Ihre Uhr um 6 Stunden zurückstellen (MEZ minus 6 Stunden).

Zoll

Kleine Mengen Alkohol (1 Liter), Zigaretten (200) und Geschenke bis zum Wert von $ 100 sind zollfrei. Die amerikanischen Zollbeamten sind gegenüber europäischen Touristen im allgemeinen großzügig. Ungemütlich werden sie dagegen, wenn sie Pflanzen, Obst und Lebensmittel entdecken: Ihre Einfuhr ist streng reglementiert, vielfach untersagt.

Register

Bei der alphabetischen Einordnung wurden l', la, le und the nicht berücksichtigt. Wird ein Begriff mehrmals aufgeführt, verweist die **halbfett** gedruckte Zahl auf die Hauptnennung. Namen in Anführungszeichen bezeichnen Bars, Diskotheken, Nachtclubs, Hotels und Restaurants.

Amagansett 44
»L'Americaine«, Hartford 59
»American Hotel«, Sag Harbor 45
Amische **9**, 73
Annapolis 85f.
Annenberg Center, Philadelphia 71
»Another Season«, Boston 39
»Apple Tree Inn«, Lenox 52
Arcade, Providence 62
Arlington National Cemetary 76
Arthur M. Sackler Gallery, Washington 78
Arthur M. Sackler Museum, Cambridge 36
Atlantic City 5, **25–29**

»Bacchus«, Washington 81
»Bally's Park Place«, Atlantic City 27
»Barclay«, Philadelphia 70
Barnes Foundation, Merion 7, 64, **67f.** 70
»Bassett-House«, East Hampton 45
Beacon Hill, Boston 5, **29f.**
»Le Bec Fin«, Philadelphia 69
Beecher Stowe, Harriet 58f.
Berkshires 51ff.
Berkshire Trail 24
»Black Dog Tavern«, Vineyard Haven 54
»The Black Pearl«, Newport 61
»Blantyre«, Lenox 52
»Blues Alley«, Washington 83
Boardwalk, Atlantic City 25
»Boatslip«, Provincetown 56
»Bookbinder's«, Philadelphia 69
Borgia Café«, Philadelphia 71
Boston 29–43
Boston Common 30, **32**
»Boston Harbor«, Boston 40
Boston Massacre 29, 33
Boston Pops Orchestra 41
Boston Symphony Orchestra 30, **41**
Boston Tea Party 5, 29, 33
»Bradford Gardens Inn«, Provincetown 54
Brandywine River Museum 73
Brandywine Valley 72

The Breakers, Newport 7, 60f.
»Bruxelles«, New Haven 60
»Bull & Finch Pub«, Boston 41

Cambridge 36
»Candlelight Inn«, Lenox 51
Cape Cod 53–57
Cape May 7, 23, 26, **28f.**
»Captain Dexter House«, Vineyard Haven 55
»Captain's House«, Cape Cod 19, **54f.**
»Ceasar's Atlantic City«, Atlantic City 27f.
»Channel Club«, Boston 41
Chappaquiddick 56
»Charlotte Inn«, Edgartown 55
»Chatham Bars Inn«, Chatham 55
Chinatown, Boston 30f
Christ Church, Philadelphia 64
»Christian's«, Chatham 54
Christian Science Center, Boston 31f.
»Church Street Café«, Lenox 51
»Ciro and Sal's«, Provincetown 56
»Cities«, Washington 84
»The City«, Boston 41
»City Tavern«, Philadelphia 69
Cold Spring Harbor 48
Cold Spring Village 29
»La Colline«, Washington 81
»The Colony«, Boston 39
»The Commissary«, Philadelphia 69
Concord 42
Connecticut 57–60
»Copley Plaza«, Boston 32, 40
Copley Square, Boston 32
Corcoran Gallery of Art, Washington 79
»Country House«, Stony Brook 44
»Crown and Anchor Complex«, Provincetown 56
Curtis Hall, Philadelphia 71

»D.C. Space«, Washington 84
»Déja Vu«, Philadelphia 70
»Dickens Inn«, Philadelphia 70
»DiLullo Centro«, Philadelphia 70

»Dock's Oyster House«, Atlantic City 26
»Dominique«, Washington 81
»Downey's«, Philadelphia 71
»Durgin-Park«, Boston 39

East-Hampton 48
Elfreth's Alley, Philadelphia 64
The Elms, Newport 61
»L'Espalier«, Boston 39

Fairmont Park, Philadelphia 64
Faneuil Hall, Boston 32
Faneuil Hall Marketplace, Boston 30, 36
Federal Bureau of Investigation (FBI), Washington 76
»Federal House«, South Lee 51
Fire Island 43, 46
Fogg Art Museum, Cambridge 36
Ford's Theater, Washington 76, 84
»Four Seasons«, Boston 40
– Philadelphia 70
– Washington 82
Franklin Court, Philadelphia 65
Franklin Institute, Philadelphia **68,** 79
Freedom Trail, Boston 7, 30
Freiheitsglocke, Philadelphia 65
»Frög«, Philadelphia 70
»F. Scotts'«, Washington 84

Gallery, Philadelphia 69
»The Garden«, Philadelphia 70
»Gateways Inn«, Lenox 52
»Gene Green's Terrace«, Provincetown 54
Georgetown 78
»Georgetown Inn«, Washington 19, 82
George Washington Manor, Roslyn 44
»Gosman's Dock«, Montauk 45
»Grand Hotel«, Washington 83
»Grand Hyatt«, Washington 83
»Guerney's Inn«, Montauk 45

Hagley Museum 72
»Hampshire House«, Boston 39
Hamptons, Long Island 7, 48

Register

Hancock Shaker Village 52f.
»Harbor House«, Nantucket 55f.
»Hargood House«, Provincetown 55
Hartford 58
Harvard University 5, **32f.**
Harvard University Museum, Cambridge 36
»Harvest«, Cambridge 41
Hawthorne, Nathaniel 43
»Hay-Adams«, Washington 83
»Hedge's Inn-The Palm«, East Hampton 45
Heritage Plantation, Sandwich 57
»Hershey«, Philadelphia 70f.
»Hilton Parkview«, Hartford 59
Hirshhorn Museum, Washington 79
»Holiday Inn«, Boston 40
– New Haven 60
– Ronkonkoma 45f.
»Holiday Inn Central«, Washington 83
»Holiday Inn-Independence Mall«, Philadelphia 71
House of the Seven Gables, Salem 43
»Hub Cap Lounge«, Boston 41
Hunter House, Newport 61
»Huntting Inn«, East Hampton 46

»Impudent Oyster«, Chatham 54
Independence Hall, Philadelphia 7, 65
Independence Park, Philadelphia 63
»The Inn at Castle Hill«, Newport 61
Isabella Stewart Gardner Museum, Boston 36f., 70
Ivy League 9

Jacob's Pillow 52
»Le Jardin«, Williamstown 51
»Jared Coffin House«, Nantucket 56
»Jasper«, Boston 39
Jefferson Memorial, Washington 76
»Jewels«, Philadelphia 71
»Johan's Zelande«, Atlantic City 26
John Brown House, Providence 62
John Hancock Tower, Boston 30, **32**

Jones Beach 43

Kapitol, Washington 7, 76
Kennedy, John F. 10
Kennedy Center, Washington 84
Kennedy Library, Boston 37
King's Chapel, Boston 33
»Knife and Fork Inn«, Atlantic City 26f.

»Lafayette«, Boston 40
»Latham«, Philadelphia 71
»Le Languedoc«, Nantucket 54
Lee 22
Lenox 22
»Lenox«, Boston 40
Lexington 42
Library of Congress, Washington 77
Lincoln, Abraham 10
Lincoln Memorial, Washington 77
»Le Lion d'Or«, Washington 82
»Locke-Ober«, Boston 39
Long Island 5, **43–50**
Longwood Gardens 72

»Maidstone-Arms«, East Hampton 46
»Maison Blanche«, Washington 82
»Maison Robert«, Boston 39
Mann, Thomas 73
Marble House, Newport 61
»Le Marquis de Lafayette«, Boston 39
Martha's Vineyard 56
Mashpee 10, 53
»The Masthead«, Provincetown 55
»The Mews«, Provincetown 56
»Middle East«, Philadelphia 71
»Midtown«, Boston 40
Minuteman National Historic Park, Lexington 42
»Mirabelle«, St. James 45
Mohawk Trail 24, 51
Monomoy 23
Montauk 43
»Montauk Yacht Club and Inn«, Montauk 43
»Monte Carlo Living Room«, Philadelphia 71
»Morton's of Chicago«, Washington 82
Mount Greylock 51
Mount Pleasant, Philadelphia 64f.
Mount Vernon 86

Münze (U.S. Mint), Philadelphia 65
Museum of Fine Arts, Boston 30, 37, 70
Museum of Science, Boston **37,** 79
Mystic 59

Nantucket 56
National Air and Space Museum, Washington 79
– Gallery of Art, Washington 70, 79
– Museum of American History, Washington 79f.
– Museum of Natural History, Washington 80
– Museum of Women, Washington 80
– Theatre, Washington 85
Nemours 72
Neuengland **51–62**
Newbury Street, Boston 20, 37
New Haven 60
Newport 60f.
Newport Festival 61
»Newport Harbor Treadway Inn«, Newport 61
New York 5, 20
»Night Stage«, Cambridge 41
Nook Farm, Hartford 58
Norman Rockwell Museum, Stockbridge 53

»Occidental Grill«, Washington 82
Ocean One, Atlantic City 26
Old Bethpage Village 48
»Old Ebbitt Grill«, Washington 82
Old North Church, Boston 33
»Old Original Bookbinder's«, Philadelphia 70
»Old Post House Inn«, Southampton 19, **46**
Old South Meeting House, Boston 33
Old State House, Boston 33f.
Old State House, Hartford 58
Old Sturbridge Village 51, **53**
Old Westbury Gardens 48
»Omni Biltmore«, Providence 62
»Omni Shoreham«, Washington 83
»The Orchards«, Williamstown 52
Oyster Bay 49

»La Pace«, Glen Cove 45

Register

»Palace«, Philadelphia 71
»Park Plaza«, New Haven 60
Paul Revere House, Boston 34
»Le Pavillon«, Washington 82
Peabody Museum, Salem 43
Penn's Landing, Philadelphia 64, **66**
Pennsylvania Dutch Country 9, 73
Pentagon, Washington 77
Philadelphia 6, 63–73
Philadelphia Museum of Art 64, **68,** 70
Philadelphia Orchestra 71
Phillips Collection, Washington 80
»Phoenix Park«, Washington 83
Pilgrim Memorial Monument, Provincetown 57
Planting Fields 49
»Plaza Bar«, Boston 41
Plymouth 6, **56f.**
»Polo Bay«, Philadelphia 71
»Pot-au-Feu«, Providence 62–73
»Prime Rib«, Washington 82
Princeton 73
Providence 62
Provincetown 7, 54, **57**
Prudential Tower, Boston 30, **34**
Public Garden, Boston 32
Puritaner 11, 57

»Quality Inn«, Boston 19, 40
Quincy Market, Boston 36

»Radisson Park Terrace«, Washington 83
»Ramada Inn Central«, Washington 83
»Ramada Renaissance«, Washington 83
»Ram's Head Inn«, Atlantic City 27
»Rebecca's«, Boston 40
»Red Inn«, Provincetown 54
»Red Lion Inn«, Stockbridge 19, **52**
»The Regatta«, Falmouth 54
»Regattabar«, Cambridge 41
Revere, Paul 21, 33f.
Rhode Island 60ff.
»Ritz-Carlton«, Boston 40
»River Club«, Washington 85
»Riverview«, Oakdale 45
Rodin Museum, Philadelphia 68
Roosevelt, Franklin D. 10

Roosevelt, Theodore 9, 49
Rosecliff, Newport 61
»Rumors«, Washington 85

Salem 10, **43**
Sagamore Hill 49
Sag Harbor 49
»Sand's«, Atlantic City 28
Sands Point Park 49f.
Sandwich 49
»St. Cloud«, Boston 40
Folger Shakespeare Theatre, Washington 85
»Sea Crest Resort«, North Falmouth 55
»1770 House«, East Hampton 45
»Sheraton«, Smithtown 46
»Sheraton Boston«, Boston 41
»Sheraton-Hartford«, Hartford 59
»Sheraton Islander Inn«, Goat Island 61
»Sheraton Society Hill«, Philadelphia 71
Smithsonian Institution 78
Society Hill, Philadelphia 64, **66**
Southampton 10, 48
»Southampton Inn«, Southampton 46
»Spectacles«, Philadelphia 72
Spielzeugmuseum, Philadelphia **68,** 79
State House, Boston 34f.
»The Station at Watermill«, Watermill 45
Sterling and Francine Clark Art Institute, Williamstown 52
»Steve's Pier«, Bayville 45
Stockbridge 53
Stony Brook 50
Sturbridge 53
Sunken Meadow State Park 43

»Tabard Inn«, Washington 83
»Taj Mahal«, Atlantic City 25, 28
Tanglewood 8, **52**
Tea Party Ship, Boston 36
»La Terrasse«, Philadelphia 70
»Three Village Inn«, Stony Brook 19, **46**
»Top of the Hub«, Boston 34, 40
Touro Synagogue, Newport 61
Trinity Church, Boston 32
»Tropicana«, Atlantic City 28
»Trump Plaza«, Atlantic City 28
Twain, Mark 58f.
»21 Federal«, Nantucket 54

»21 Federal«, Washington 82

»Union Oyster House«, Boston 40

Vanderbilt, William Kissam 60f.
Vanderbilt Museum 50
Vietnam Veteran's Memorial, Washington 77
»Village Latch Inn«, Southampton 46
Vincenzo, Washington 82

Wadsworth Atheneum, Hartford 58f.
Wanamaker's, Philadelphia 9, **69**
»Warwick«, Philadelphia 19, **71**
Washington 73–86
Washington, George 63
»The Washington«, Washington 83
Washington Monument 78
WASP 12, 29
»The Watergate«, Washington 83
Weißes Haus, Washington 11, 78
»Westbury Manor«, Westbury 45
Westhampton Beach 21
Whale Museum, Cold Spring Harbor **68,** 79
– Montauk 48
– Nantucket 56
Whale Watching 48, 57
Wheatleigh, Lenox 52
»White Horse Tavern«, Newport 61
»Willard Inter-Continental«, Washington 83
Willard Room, Washington 82
»Williams Inn«, Williamstown 52
Williamstown 53
Winterthur Museum and Gardens 8, **72f.**
Witch Museum, Salem 43
»Wyndham Franklin Plaza«, Philadelphia 71

Yale Center for British Art, New Haven 60
Yale University 60
Yale University Art Gallery, New Haven 60

Zoo, Washington 78

MERIAN-Redaktion, Hamburg
Lektorat: Kristine von Soden
Bildredaktion: Andrea Sach
Kartenredaktion: Karin Szpott

An unsere Leserinnen und Leser:
Wir freuen uns über Ihre Berichtigungs- und
Ergänzungsvorschläge. Natürlich interessiert uns auch,
was Ihnen am vorliegenden Band besonders gefällt.

MERIAN Reiseführer
Postfach 13 20 92
2000 Hamburg 13

2. Auflage 1991
© 1990 Gräfe und Unzer GmbH, München
Umschlaggestaltung: Rambow, Rambow, van de Sand
Umschlagfoto: The Image Bank / Melford
Karten: Kartographie Huber, München
Produktion: Helmut Giersberg
Satz: Utesch Satztechnik GmbH, Hamburg
Lithographie: MB Scan Repro, München
Druck und Bindung: Mainpresse Richterdruck, Würzburg
ISBN 3-7742-0140-4

Fotos: Transglobe Agency
Titelmotiv: Congregational Church in Litchfield, Connecticut

Lieferbare Titel »Super reisen!«

- Ägypten
- Algarve
- Amsterdam
- Andalusien
- Australien
- Bali
- Barcelona
- Belgien
- Berlin
- Bodensee
- Brandenburg
- Brasilien
- Bretagne
- Budapest
- Burgund
- Capri · Ischia
- Costa Brava
- Costa del Sol
- Côte d'Azur
- Dänemark
- Elsaß
- Englands Süden
- Florenz
- Florida
- Französische Atlantikküste
- Gardasee und Umgebung
- Gomera · Hierro · La Palma
- Gran Canaria
- Hamburg
- Hawaii
- Holland
- Hongkong
- Ibiza · Formentera
- Indiens Norden
- Indiens Süden
- Ionische Inseln
- Irland
- Israel
- Istanbul
- Italienische Adria
- Italienische Riviera
- Japan: Tokio · Kioto
- Jerusalem
- Kärnten
- Kalifornien: Der Norden
- Kalifornien: Der Süden
- Karibik: Große Antillen
- Karibik: Kleine Antillen
- Kenia
- Köln
- Korsika
- Kreta
- Kykladen
- Lanzarote · Fuerteventura
- London
- Madeira · Azoren
- Madrid
- Mailand
- Mallorca
- Malta
- Marokko
- Mecklenburg-Vorpommern
- Mexiko
- Moskau
- München
- Nepal
- Neuseeland
- New York
- Nordseeinseln
- Norwegen
- Oberbayern
- Paris
- Peloponnes
- Piemont · Lombardei
- Polen
- Portugal
- Prag
- Provence
- Rhodos
- Rio
- Rom
- Sachsen: Dresden · Leipzig
- Salzburg
- Sardinien
- Schleswig-Holstein
- Schottland
- Schwarzwald
- Schweden
- Singapur
- Sizilien
- Spaniens Nordküste
- St. Petersburg
- Straßburg
- Südtirol
- Sylt
- Teneriffa
- Tessin
- Thailand
- Thüringen
- Tirol
- Toskana
- Türkei
- Tunesien
- Ungarn
- USA Ostküste
- Venedig
- Venetien · Friaul
- Wien
- Zypern

In Englisch:
- Munich